# A filosofia e o mundo contemporâneo

# Luiz Felipe Pondé

# A filosofia e o mundo contemporâneo

Meditações entre o espanto e o desencanto

**Diretor-presidente:**
Jorge Yunes
**Gerente editorial:**
Luiza Del Monaco
**Editor:**
Ricardo Lelis
**Assistente editorial:**
Júlia Tourinho
**Suporte editorial:**
Juliana Bojczuk
**Estagiária editorial:**
Emily Macedo
**Coordenadora de arte:**
Juliana Ida
**Assistentes de arte:**
Daniel Mascellani, Vitor Castrillo
**Gerente de marketing:**
Carolina Della Nina
**Analistas de marketing:**
Flávio Lima, Heila Lima
**Estagiária de marketing:**
Agatha Noronha

Copyright © Luiz Felipe Pondé, 2022
© Companhia Editora Nacional, 2022

Todos os direitos reservados. Nenhuma parte desta obra pode ser reproduzida ou transmitida por qualquer forma ou meio eletrônico, inclusive fotocópia, gravação ou sistema de armazenagem e recuperação de informação sem o prévio e expresso consentimento da editora.

1ª edição – São Paulo

**Diagramação:**
Valquíria Palma
**Preparação de texto:**
Augusto Iriarte
**Revisão:**
Laila Guilherme
**Capa:**
Bloco Gráfico
**Imagem de capa:**
CPA Media Pte Ltd / Alamy Stock Photo

---

DADOS INTERNACIONAIS DE CATALOGAÇÃO NA PUBLICAÇÃO (CIP) DE ACORDO COM ISBD

| P796f | Pondé, Luis Felipe<br>A filosofia e o mundo contemporâneo: meditações entre o espanto e o desencanto / Luis Felipe Pondé. - São Paulo : Editora Nacional, 2022.<br>184 p. ; 11cm x 16 cm.<br>ISBN: 978-65-5881-087-2<br>1. Filosofia. 2. Atualidade. 3. Reflexões. 4. Pensamento crítico. I. Título. |
|---|---|
| 2022-62 | CDD 100<br>CDU 1 |

**Elaborado por Odilio Hilario Moreira Junior - CRB-8/9949**
Índice para catálogo sistemático:
1. Filosofia 100
2. Filosofia 1

Rua Gomes de Carvalho, 1306 – 11º andar – Vila Olímpia
São Paulo – SP – 04547-005 – Brasil – Tel.: (11) 2799-7799
editoranacional.com.br – atendimento@grupoibep.com.br

*Ele duvidava superiormente de tudo, grande poder aos olhos dos fracos.*

Victor Hugo,
*Les Misérables*

*A tensão forte e assustadora sob a qual vivemos, e da qual não nos poderia salvar nenhuma das tempestades que desejamos se abatam sobre nós, apoderou-se de todas as esferas, mesmo daquela, mais pura e livre, do espanto. Se se pudesse apreendê-la de forma sucinta, nossa época poderia mesmo ser caracterizada como aquela na qual o espanto se aplica simultaneamente às coisas as mais opostas: espantamo-nos, por exemplo, com a ação milenar de um livro no tempo e, ao mesmo tempo, com o fato de que nem todos os livros tenham uma ação mais duradoura; com a crença nos deuses e, ao mesmo tempo, com o fato de que não caiamos a toda hora de joelhos ante novos deuses; com a sexualidade que nos abala e, ao mesmo tempo, com o fato de que esse abalo não seja mais profundo; com a morte que jamais desejamos e, ao mesmo tempo, com o fato de que ainda no ventre materno não morramos de desgosto diante do que está por vir. O espanto certamente foi, no passado, aquele espelho de que tanto nos agrada falar, que trazia os fenômenos para uma superfície mais lisa e tranquila. Hoje, esse espe-*

*lho está despedaçado, e os estilhaços do espanto tornaram-se pequenos. Porém, mesmo no mais minúsculo estilhaço, já não se reflete apenas um fenômeno isolado: impiedosamente, este arrasta consigo o seu reverso – o que quer que você veja, e por menos que veja, transcende a si próprio a partir do momento em que é visto.*

Elias Canetti, "Hermann Broch, Discurso pela passagem do seu quinquagésimo aniversário, Viena, novembro de 1936".

In *A Consciência das Palavras*

# Sumário

**Uma afirmação de método**      11

**Meditações**

**1** Espanto ou desencanto      17

**2** Desapego: um lugar para se perder      35

**3** No princípio, eram os espíritos malignos      48

**4** Evolução espiritual      57

**5** Seriam o homem e a mulher seres adoecidos?      65

**6** Emoções são passíveis de instrumentalização
para o mundo corporativo?      72

**7** Liberalismo: modernidade como conflito
em movimento      79

**8** Ansiedade, angústia e desespero: paixões tristes no
centro da personalidade      86

**9** Pensando de forma materialista: a importância do
marxismo para o entendimento da realidade      92

**10** A ópera darwinista e o atomismo      99

**11** Liberdade como fetiche      103

**12** A desconstrução de tudo      110

**13** A crueldade — 116

**14** Ainda existe espanto diante do "milagre da vida"? — 122

**15** Comportamentos que encantam: a visita da Graça — 128

**16** O que encanta na experiência mística? — 133

**17** Envelhecimento entre espanto e desencanto — 142

**18** Morte, espanto e desencanto — 149

**19** O marketing como narrador do mundo:
uma catástrofe anunciada — 153

**20** A saúde mental como fronteira do capital:
os bens psicológicos — 158

**21** O fetiche do disruptivo no mundo corporativo — 163

**22** Otimismo como virtude cívica no mundo do
mercado e liberdade de expressão como sua crítica — 166

**23** Sobreviveremos ao desencanto como modo de vida?
*Coping, hoping, doping, shopping* — 170

**24** A profecia de Hegel: a experiência contemporânea
como desencanto histórico — 174

## Uma breve nota de conclusão:
## o corpo do desencanto — 179

# Uma afirmação de método

*Tendo, portanto, formado um projeto de descrever o estado habitual da minha alma numa posição a mais estranha onde se pode encontrar um mortal, eu não encontrei nenhuma outra maneira mais simples e mais segura para executar esta empreitada do que manter um registro fiel de minhas caminhadas solitárias, e dos devaneios que as preencheram, quando deixei minha cabeça completamente livre, e deixei minhas ideias seguirem suas tendências sem resistências e sem nenhum incômodo. Estas horas de solidão e de meditação são as únicas diante das quais eu sou plenamente eu mesmo sem distrações, sem obstáculo e quando eu posso verdadeiramente dizer aquilo que a natureza desejou por si mesma que eu dissesse.*

Jean-Jacques Rousseau,
*Les Rêveries du Promeneur Solitaire*

A filosofia e o mundo contemporâneo

Este livro é escrito sob o signo da obra de Rousseau citada acima. O espírito das meditações livres sem roteiro prévio e sem intenção de harmonizar o processo final nos acompanhará em nosso percurso, através dos vários objetos. Meditações não têm como meta entregar uma visão final de coisa alguma. Nossas meditações têm como objeto a indagação de se a filosofia nasceu do espanto ou encanto, ou, ao contrário, do desencanto.

Mas aqui a origem, como quase sempre, é também destino, isto é, a origem nos acompanha desenhando a natureza da filosofia diante de seus infinitos objetos – este é seu destino. Portanto, meditaremos sem porto necessário de chegada, sendo o processo o essencial. A peregrinação que aqui iniciamos pretende levar você, caro leitor, ao encanto com nossa disciplina e, muitas vezes, também ao desespero com o ofício do filósofo. Estas meditações não são para os fracos.

Seguiremos em direção aos estilhaços dos quais fala Canetti na epígrafe acima.

Cada uma das meditações que se seguem deve ser contemplada como um desses infinitos estilhaços. Seja bem-vindo.

Meditação 1

# Espanto ou desencanto

Um longo debate entre especialistas discute qual teria sido o motor original do nascimento da filosofia na Grécia. Teria sido a experiência do espanto – ou encanto, que usarei como seu sinônimo ao longo do nosso percurso – ou do desencanto?

Independentemente da resposta definitiva – que ninguém tem –, esses seriam os dois motores da filosofia desde a sua origem na Grécia antiga. Essas duas formas de estar no mundo devem nos acompanhar nas meditações que aqui ofereço a você, caro leitor, a partir da nossa tradição filosófica e das ciências humanas – grande parte do nosso percurso terá a marca da sociologia –, a fim de encarar o desafio que é viver com um mínimo de dignidade diante de um mundo que nos é indiferente.

À primeira vista, pode parecer um paradoxo colocar espanto e desencanto como "parceiros" na geração da atitude filosófica. De fato, é um paradoxo. Vivemos no paradoxo. Não há uma síntese plena em lugar nenhum para a condição humana, apesar de muitas e ricas tentativas terem sido engendradas ao longo da história da filosofia e das religiões em geral.

Talvez você queira se arriscar e tentar escolher um dos polos desse paradoxo inicial como critério de olhar para o mundo. Viver no espanto ou no desencanto? Serei feliz ou infeliz? Suspeito que a escolha seja compreensível como método de sobrevivência, mas não se sustenta no cotidiano, diante das contradições do mundo exterior e interior. O que se pode levantar como hipótese metodológica aqui é que, através dos objetos de reflexão que trataremos ao longo do nosso percurso, talvez possamos, ao final, suspeitar de um certo deslize em direção a um dos polos, não tanto por escolha subjetiva, mas por efeito de uma certa força gravitacional nascida dos próprios objetos de reflexão aqui escolhidos e do modo como eles vão se constituindo aos nossos olhos. Mas não direi a você agora para qual polo deslizamos, nem diria a você para roubar no jogo e ir direto ao final e descobrir a resposta já, porque assim você perderia a experiência que eu construí ao longo desta obra, e essa experiência foi essencial para minha "descoberta".

Por "experiência" me refiro, antes de tudo, ao fato de que a forma aleatória como os objetos foram surgindo em minha reflexão é parte essencial do todo, perfazendo um labirinto de temas que vão e voltam, às vezes se repetindo, para que se realize a própria experiência das meditações. Como sabemos, toda meditação se dá em meio ao que, na psicanálise, costuma se chamar "associação livre", o desorganizado encadeamento dos objetos que surgem à mente – e é nessa desorganização mesma que reside grande parte dos segredos da alma em análise. Faça você a mesma descoberta e me siga nessas meditações livres.

Independentemente da sua tentativa de escolha, aprofundemos esses dois conceitos. Comecemos com o espanto. A pergunta essencial é: de onde viria tal espanto? Vejamos algumas hipóteses de sua origem e do que viria a ser o próprio espanto. Quais seriam sua substância e seus desdobramentos como experiência?

Comecemos por um filósofo que você, possivelmente, não conhece. Se o conhece, melhor; se não, seja bem-vindo e considere essa referência um convite a conhecê-lo. O filósofo judeu A. J. Heschel, século XX, costumava dizer que somos dotados de um tato do espanto. Tato aqui, claro, significa um sentido como o sentido do tato. Este sentido nos dá a capacidade de pressentir e perceber – quando atentos – a presença de uma beleza maravilhosa no mundo à nossa volta. A exuberância do universo nos encanta. Para Heschel, isso é o transcendente, o Deus de Israel. O espanto aqui, ou o encanto, é um chamado ao investimento na vida, na sociedade e na natureza. Há sempre um halo de inves-

A filosofia e o mundo contemporâneo

timento no espanto quando contemplamos o encanto com a natureza das coisas, ao passo que o desencanto parece assombrado pelo ceticismo. Voltaremos a essa dialética ao longo do nosso percurso. Mas, afinal, qual é a "natureza" desse espanto?

Em Heschel, a natureza do espanto é claramente mística. A filosofia que dele se depreende é de substância religiosa, ainda que também filosófica, porque o filósofo construirá toda uma concepção de relação não só com Deus a partir daí, mas também com tudo que está presente no mundo à nossa volta, inclusive com a moral e a política. A mística de Heschel é implicadora do cuidado com as coisas. O espanto está em toda parte, antes de tudo como *páthos*, inclusive no próprio Deus. Decorre daí uma filosofia em que o *páthos* (os afetos) tem lugar de destaque como motor gerador do olhar sobre o mundo. E este mundo, sempre, de alguma forma, repousa no espanto com a própria existência. O Ser é misterioso para quem vai além do que a mão alcança. Filosofar é também sofrer com as paixões das coisas do mundo.

Quando falamos "mundo", estamos, na maioria das vezes, pensando naquilo que chamamos de natureza. A palavra *physis*, do grego, tem um longo processo de transformação nos seus usos. O francês Pierre Hadot, filósofo e historiador da filosofia antiga, narra em sua obra *O véu de Ísis* como o famoso aforismo do filósofo pré-socrático Heráclito, que viveu entre os séculos V e IV a.C., marcou o desenvolvimento do que entendemos como natureza. O aforismo é o seguinte: "A natureza ama se esconder".

A tentativa de interpretar a razão desse movimento de ocultamento fará tradição entre os gregos até, no mínimo, os românticos do século XIX. A própria ideia de que haveria um ocultamento intencional por parte da natureza produz desde então toda uma cadeia de pensamento sofisticadíssima. Não apenas a razão do ocultamento, mas o modo desse ocultamento faz parte da aura de mistério que Heráclito lança sobre a natureza.

A filosofia e o mundo contemporâneo

Se o ocultamento – portanto, o mistério que envolve a natureza – é fruto de alguma forma de inteligência ou não, tanto faz, pois permanecerá o espanto com tal realidade. "Por que existe o Ser e não o nada?", síntese do mistério, pergunta Heidegger no século xx. Este espanto se sustenta, antes de tudo, na percepção de que alguma forma de grandeza imensa se manifesta na natureza, grandeza esta que nos envolve como parte dela. A ideia de ocultamento é gerada, justamente, devido a essa realidade da imensa grandeza que flerta com o infinito, ao contrário de nós, finitos e irrelevantes. Daí que a natureza nos transcende em todas as dimensões, por isso, seja em Heschel e seu Deus, seja na contemplação da natureza enquanto tal nos gregos, a experiência de perceber a transcendência nos espanta, nos encanta e nos amedronta.

A força do aforismo de Heráclito se revela no gigantesco número de vezes que diferentes autores, em diferentes épocas e escolas filosóficas, o citarão para indicar o mistério que nos envolve. Às vezes, esse mistério é remetido a uma inteligência que transcende a natureza. Essa inteligência é percebida como divina, como no caso dos deuses gregos, que muitas vezes serão associados a divindades que representam essa inteligência que oculta. Se o processo de ocultamento é imanente à própria natureza – isto é, está contido no próprio funcionamento da natureza, sem nenhuma causa exterior a ela, como no caso da existência de uma divindade –, nem por isso o mistério é menor: que tipo de ser existe em se ocultando de alguma forma, na mesma medida em que se revela na sua exuberância monumental? De novo, eis o espanto com o Ser.

Responder tais perguntas é não só conhecer a natureza em si, mas a nós mesmos, nas relações com ela e com o nosso corpo e a nossa alma. O espanto movimentaria todo esse processo, nos levando mesmo a indagar acerca de nosso lugar em meio a ela.

O ocultamento da natureza, por sua vez, levou os gregos a formular duas formas de "ciência" acerca desse ocultamento. Uma delas, identificada com a ideia de uma mecânica – em grego, a palavra *mechané* significa "contenda" –, representa o intento prometeico de controlar a natureza por meio da técnica do fogo como grande metáfora, forma predominante que dará nascimento à própria ciência experimental moderna e ao posterior processo de desencantamento do mundo como apontado pelo sociólogo Max Weber já no século xx. A outra, mais contemplativa, levou à divinização da natureza e à preferência pela arte e pela poesia como modo de conhecimento de seus mistérios, muito menos impactante, claro, na evolução do conhecimento técnico que caracterizará o processo científico moderno. Para aqueles que assim pensam, a ciência mecanicista, por exemplo, representada por filósofos como Francis Bacon, que viveu entre os séculos xvi e xvii, é uma forma de desrespeito ao ocultamento porque pressupõe, justamente, uma relação de contenda para obrigar a natureza a se revelar, "torturando-a" com nossos experimentos. A dúvida com relação à "civilização da técnica", como dirá Heidegger, repousa, em grande parte, na resistência filosófica gerada pelos defensores do ocultamento como coração de tudo que existe, ocultamento este que deve permanecer escondido – *mistikós*, em grego antigo, daí o elemento místico nessa linhagem. Entretanto, dificilmente o caminho da contemplação nos levaria aos avanços médicos, às vacinas, aos aviões e à longevidade. Há que se pesar esses fatores. O olhar contemplativo sobre o mistério da natureza tende a permanecer no que podemos chamar de esfera religiosa ou espiritual. Não por acaso, esse olhar será imputado ao poeta mítico Orfeu e sua contemplação apaixonada da natureza e seus mistérios. Ou, também fundamental, esse olhar contemplativo se fará presente no mal-estar com uma civilização embebecida no seu próprio orgulho técnico.

De qualquer modo, o mistério do Criador oculto ou da natureza que se oculta se desdobra em modos de vida decorrentes da constatação do espanto que a totalidade da existência do Ser causa em nós. Muitas vezes, a vida prometeica cansa porque estar constantemente à busca de resultados e do progresso nos leva à exaustão. Se alguns indivíduos podem, devido a contextos específicos de sua vida material, romper em alguma medida com essa demanda, isso não implica que a sociedade o possa: não temos saída da maldição prometeica. E o capitalismo é prometeico. Ao longo da história da filosofia, a vertente mecânica desaguou na conhecida ciência experimental e seus frutos. Entretanto, outras formas de percepção dessa natureza geraram uma suspeita acerca dos danos que a falta de contemplação, e de uma vida contemplativa em relação à natureza, poderia nos causar. Claro que as modas de alimentação e a opção pela vida "no campo" estão, muitas vezes, dentro dessa suspeita, numa derivação um tanto empobrecida, mas, a despeito dos modismos contemporâneos, a ideia de uma vida harmônica, inserida no ocultamento da natureza, sem violentá-la, fez seu percurso na história da filosofia, como na obra do filósofo americano do século XIX Henry David Thoreau.

Em *Walden*, livro escrito a partir da sua experiência de aproximadamente dois anos no bosque de mesmo nome, Thoreau experimenta uma vida recuada da técnica, com o que se transformou numa espécie de ícone da recusa do mundo da abundância da artificialidade – o mundo prometeico. Um elemento a mais na filosofia de Thoreau, que chegou até nós através do seu famoso ensaio "A desobediência civil", marca a relação essencial entre a dúvida quanto à civilização do excesso técnico prometeico e a dúvida para com os excessos da institucionalização da vida via Estado e sua burocracia, daí muitos vincularem o filósofo americano às raízes do anarquismo um tanto individualista, distinto do anarquismo coletivista do russo Mikhail Bakunin, seu contemporâneo. A desconfiança com os excessos da técnica teria, assim, vínculos profundos com a desconfiança com a política.

Enfim, sendo o espanto uma das hipóteses poderosas acerca do surgimento da filosofia na Grécia, certamente estaremos sob sua aura ao longo do nosso percurso meditativo, assim como seguramente voltaremos a temas relacionados à "natureza das coisas", como diria o epicurista Lucrécio no século I a.C., já que esta é um dos maiores conceitos filosóficos existentes. Vejamos agora, brevemente, a outra hipótese acerca do surgimento da filosofia na Grécia: o desencanto.

O filósofo americano em atividade Simon Critchley, no seu *Tragedy, the Greeks, and Us*, entende que o desencanto seria a origem da verdadeira filosofia grega. A corrente que assim pensa tende a navegar por águas mais sombrias do que a que abraça o espanto como origem da filosofia. Como indiquei, não me parece essencial escolher uma ou outra, sendo parte da beleza da filosofia essa vida vivida na tensão entre verdades e realidades contraditórias. Sem dúvida, a filosofia nunca foi para os fracos. Por isso, quem ama a banalidade do senso comum não sobrevive à fúria da filosofia diante da "natureza das coisas".

Conceber a origem da filosofia como sendo o desencanto exige que apontemos o objeto desse desencanto. Critchley não afirma que o desencanto permaneça como motor contínuo da filosofia, mas sim como sua marca de nascimento, e este fato está ligado à tentativa de Sócrates e Platão de desqualificar os "achados" da tragédia ática como a filosofia verdadeira, ainda que na forma de teatro. Os grandes fundadores da corrente majoritária da filosofia recusavam a tragédia porque esta oferecia uma visão de mundo moralmente ambivalente, contraditória, agonística e sem solução, daí o desencanto. O bem entrava sempre em conflito com o bem, a justiça, sempre em conflito com a justiça, a questão do coro "o que devemos fazer?" permanecia sem resposta, enfim, a filosofia da tragédia – como será visto posteriormente em filósofos como Nietzsche, Pascal, Cioran, Unamuno, Kierkegaard – será uma filosofia longe da resposta harmônica de base platônica; ela será, muito pelo contrário, a casa do conflito: a tragédia verá a realidade como um combate infinito – *agon* – entre agentes ambivalentes e sem repouso em lugar nenhum.

Sendo assim, o desencanto seria a origem da filosofia na sua constatação trágica em que a filosofia permanece em constante atenção à falta de sentido último das coisas e suas consequências. Uma atenção contínua para com a contingência que reina, cega, entre os elementos. Trata-se de um desencanto de fundo – em filosofia, diríamos ontológico –, com todas as tentativas de respostas religiosas, políticas, científicas, sociais ou morais. O diálogo com o ceticismo, o niilismo e a melancolia é evidente – mesmo que permaneça implícito, discreto ou oculto –, e, portanto, o risco de flerte com esses afetos tristes, um traço necessário do processo. O medo pode sufocar a filosofia. Aqui, ele não nos sufocará.

Enfim, caminhemos assim entre estes dois marcos: o espanto e o desencanto como parceiros de nossa trajetória. Neste percurso, trataremos de alguns temas e conceitos fundamentais da filosofia, principalmente para iluminar o drama contemporâneo em alguns de seus problemas mais agudos. Com esse diálogo com o drama contemporâneo, espero levar você a aprender a filosofar, mesmo que minimamente.

Mas, antes de seguirmos viagem, uma última palavra. O encontro entre dois elementos contraditórios, como o espanto e o desencanto, pode deixar as almas mais desatentas com um sentimento amargo de impasse, o que em grego antigo se dizia *aporia*. Entretanto, muitas vezes é justamente diante do impossível que se realizam as grandes obras do espírito, e a filosofia é, sem dúvida, uma das maiores, na sua natureza intrínseca de olhar o mundo à volta com a atitude do estranhamento nascido da própria dinâmica do espanto e do desencanto.

A filosofia e o mundo contemporâneo

E a pergunta final que percorremos é: podemos discutir se a origem da filosofia seria o espanto ou o desencanto, mas, além disso, hoje, contemplando o mundo, é possível avançar e dizer que a tarefa que encontramos diante dos nossos olhos se desvela como um destino tomado pelo espanto ou pelo desencanto? Filhos do ocultamento da natureza, ou do Deus oculto ou da contingência cega, sempre carregaremos a leveza ou o fardo da nossa herança?

## Meditação 2

# Desapego: um lugar para se perder

O desapego está na moda. No grego antigo, podem-se utilizar *aphalé*, *apatheia* ou *ataraxia* como termos que nos remetem à ideia do desapego. De início, porém, vejamos um pouco mais de perto por que o desapego estaria na moda em nossos dias. Sigamos o método arqueológico, que parte do tempo presente, escavando em direção ao passado, e não o genealógico, que parte do passado, da *genesis*, em direção ao presente.

O que as pessoas querem dizer quando afirmam que devemos nos desapegar das coisas hoje em dia? Normalmente, referem-se a desapego a bens materiais, o que se constitui num clássico no tratamento do tema ao longo da história da filosofia. Mas, no seu estatuto de moda de comportamento, quase a vocação de tudo no mundo contemporâneo, essa forma de desapego sempre acompanha algum tipo de consumo que trata o desapego como um fetiche de luxo. Desapegar-se é mudar-se para cidades pequenas e antigas. É ir a mosteiros budistas no Vietnã de *business class*. É decidir desconectar-se porque se vive de dividendos milionários. É nunca ter filhos para poder ter uma vida semelhante a quem tem mais dinheiro. Neste sentido, desapegar-se é um fetiche do nosso tempo. Não vale um tostão, apesar de os destinos em que essas pessoas vão se desapegar normalmente serem invejáveis.

O tema do desapego material, entretanto, tem credenciais longas, tanto na filosofia quanto na espiritualidade. Desapego sempre foi um tema existencial (ainda que o termo "existencial" seja anacrônico para a filosofia da Idade Média e da Antiguidade) e espiritual, o que, nos dois casos, indica que transitamos pelo terreno da busca de significado para além do mundo material. Este detalhe indica que o fetiche com ele em nossos dias se alinha ao campo do marketing existencial, ou seja, a venda de bens de significado: relaxamento, desconexão, ambiente silencioso, vazio, meditação, logo, caros. E, como veremos na sequência, o marketing tenta encantar o mundo, mas o que consegue é desencantá-lo de forma dramática para aqueles que têm olhos para ver.

No campo espiritual, a tradição é vasta no Ocidente e no Oriente. No Ocidente, meu campo de expertise, para além das palavras de Cristo sobre abandonar tudo e segui-lo, o conceito de desapego e similares se encontra, por exemplo, nas obras de grandes místicos medievais europeus. Vejamos dois exemplos em que, do desapego material, seguimos em direção a uma forma de desapego que vai muito além da ideia de abandono dos bens materiais. Aliás, transcender o desapego dos bens materiais também está presente na forma contemporânea de consumo de comportamentos de luxo que citamos acima: vou pra lugares chiques e caros pra me desapegar de mim mesmo – leia-se, da minha vida de apego à produção de bens materiais.

Mas, como todo fetiche, essa opção sofre de inconsistência; basta imaginar homens que só têm prazer em chupar os dedos das mulheres, comparando-os com os que usufruem de todo o corpo delas. O fetiche é sempre uma forma de gozo menor.

O desapego dos bens materiais na sua forma clássica e consistente sempre implica um certo desencanto com as promessas do mundo. A questão a se fazer é: quais são os desdobramentos comportamentais ou morais desse desencanto com o mundo material? O mundo engana, é efêmero, passa como uma nuvem de nadas – o mundo humano, diga-se, porque a *physis* permanece na sua majestade eterna, até que o mundo acabe em si, daí permanecerá "apenas" o universo. Se o desapego material tem um fim em si mesmo – despertar para o caráter efêmero e muitas vezes escravizador da alma ou da vida subjetiva, em termos modernos –, na literatura especializada filosófica ou espiritual, ele é sempre um passo para um desapego mais radical e imaterial ou interior. No caso do desapego místico, ele não apenas opera no desencanto, mas instaura uma percepção absolutamente encantada da experiência vivida.

A mística medieval Marguerite Porete, queimada como herege em 1310 em Paris, dizia que o objetivo do conhecimento direto de Deus – conhecimento místico – era a aniquilação da alma individual, que se perderia em Deus, do qual fazia parte. Essa era sua heresia, como dirá o Concílio de Viena em 1313. Seu erro teológico era a confusão de substâncias entre a alma humana, criatura, e Deus, incriado. Marguerite dirá que a alma se desapega, pelo processo de autoaniquilamento, de tudo que é matéria de criatura nela e no mundo, supera o desejo de qualquer coisa no mundo e se liberta da condição humana efêmera para se tornar parte do amor que é Deus. Portanto, aqui, desapego e aniquilamento da alma e seus desejos ou vontades são a superação da vida subjetiva, como dizemos, para uma vida superior em Deus.

Um pouco depois dela, o filósofo e místico alemão Mestre Eckhart, que será também condenado pela Inquisição em 1329 mas já estava morto quando da proclamação da sua condenação, afirmará algo muito semelhante. Segundo ele, o desprendimento ou desapego, começando pelos bens do mundo, atingirá seu momento máximo quando do desapego com relação ao eu criado, sua vontade, seu pensamento e sua identidade, nos levando à condição que afirmava Marguerite, percebendo assim que somos uma centelha que pertence à mesma substância de Deus.

Em ambos os casos, se descreve um tema comum na literatura mística ocidental e oriental: uma espiritualidade da superação do ego, diríamos nós. Uma desidentificação que causa prazer na pessoa que passa pelo processo de superação do apego a si mesmo. "Um lugar para se perder", como dirá o estudioso da mística cristã Michel de Certeau, já no século XX. O perder-se a si mesmo como prazer implica a noção prévia de que há um peso na identidade e na condição de ser um si mesmo ou um ego. Não é todo mundo que entende este alcance da ideia de desapego, principalmente num mundo narcísico e infantil como este em que vivemos. O fetiche citado acima com a ideia de desapego peca, entre outras razões, por, de fato, não levar a um desapego real das coisas. O vínculo entre o desapego material e o ontológico – numa linguagem filosófica técnica – ou psicológico é nexo necessário em qualquer reflexão sobre o desapego para além das modas de comportamento do mundo contemporâneo porque, sem superar a obsessão pelo desejo, não há desapego real.

Esse combate ao desejo pelo mundo, nos seus vários sentidos, já havia sido objeto de escolas filosóficas antigas como o estoicismo e o epicurismo, ambas na Grécia e em Roma.

O estoicismo buscava o desapego como forma de entendimento de que existem coisas que estão no âmbito de nossa escolha e outras, muitas outras, cuja realidade nos escapa e que temos simplesmente de aceitar.

Portanto, há uma certa resignação sábia. Uma certa calma de viver uma vida sob medida. O logos, a natureza, nos ultrapassa - os estoicos não eram simpáticos à violência prometeica com a natureza - e é indiferente para com nossas inquietações, e, portanto, temos que aprender a viver com essa indiferença. O desapego das expectativas acerca do que não podemos controlar talvez seja uma das coisas mais difíceis na vida e das que mais nos assolam cotidianamente. O próprio sistema de vida em que vivemos no mundo contemporâneo implica a ansiedade como modo de relação com a vida, por isso o estoicismo está na moda como nunca. O desespero com a impossibilidade de controlar tudo à nossa volta é tal que a busca de se desapegar dessa compulsão pelo controle se torna uma das primeiras metas a perseguir com vista a uma vida menos esmagada por nossas próprias inquietações de sucesso. Os ansiolíticos traçam sua carreira nesse vale das agonias. O estoicismo pregará o desapego para com a busca do sucesso como forma de libertação, por isso será tantas vezes assimilado a uma vida simples, sem luxos ou grande sonhos de realização. Difícil para almas cujo "eu" se coloca no centro do mundo, como as nossas. O desprendimento para com o "eu" é chave em toda forma sofisticada de teorias do desapego. O uso ilegítimo que se faz hoje do estoicismo como técnica bastarda da terapia cognitivo-comportamental para agenciamento de sucesso, prosperidade e riqueza é um dos maiores exemplos de mau-caratismo no mercado de produtos psicológicos de baixa qualidade.

O epicurismo, apesar de distinto do estoicismo na sua "física" – não há logos nem racionalidade cósmica alguma –, chega a uma ética semelhante em seus resultados com relação ao desapego. Para os epicuristas, tudo é feito de átomos que colidem uns com os outros sem nenhuma razão para isso e num espaço e tempo eternos e imóveis. A colisão se dá pelo que chamavam de *clinamem*, ou seja, desvio, aleatório, dos átomos no seu movimento cego. Portanto, no fundo da realidade, para os epicuristas, não há sentido algum na existência a partir da sua "física".

Na medida em que não existe vida após a morte, porque a alma é uma forma de ar feito de átomos que se dispersa com a desorganização do corpo sólido, não precisamos temer castigos eternos. A vida sábia é aquela que busca um prazer comedido nas necessidades naturais como dormir, comer, beber, ter amigos ou mesmo fazer sexo. A liberação das inquietações e expectativas maiores nos colocaria na posição de gozar a "pura existência" sem sentido, mas que dura algum tempo. Nesse tempo, ainda que efêmero, se nos desapegarmos de grandes planos de sucesso e bens materiais, poderemos experimentar o gosto de fazer parte do Ser, pelo tempo que nos couber, bebendo, comendo, dormindo, transando e estando com amigos queridos. Este é o prazer epicurista – *hedoné*, em grego antigo. Nada a ver com o consumo de bens, típico

## A filosofia e o mundo contemporâneo

do entendimento atual. Mas vemos, de novo, que o desapego para com bens excessivos nos coloca no caminho de um desapego mais profundo e, por isso mesmo, mais significativo.

Vemos, portanto, que o desapego, objeto de modas contemporâneas de comportamento, é um clássico na sabedoria ancestral. A raiz disso está no fato de que, evidentemente, viver é perder-se no tempo, logo, apegar-se às coisas ou a si mesmo é um modo de alimentar o desespero. Se, por um lado, o espanto nos leva ao encanto com a existência, o desencanto com o mundo nos ajuda a nos libertar da obsessão por essa mesma permanência na existência, ainda que o objetivo do desapego não seja ter uma vida desencantada, mas reencantá-la com a beleza da simplicidade e da contenção em relação às altas expectativas de realização no mundo. Quando um *coach* disser que você deve prosperar acima de tudo, diga estoicamente a ele: "Menos!".

No caso do desapego, encanto e desencanto se relacionam de modo a gerar uma condição de vida tomada pela filosofia como superior em relação à banalidade inquieta pelos sucessos do mundo. A mania do sucesso típica de nossa época reforçará o risco de desencantamento, um tanto catastrófico, muitas vezes, com a realidade possível.

## Meditação 3

# No princípio, eram os espíritos malignos

O encanto ou o espanto nunca estiveram apenas a serviço do bem. Espantamo-nos com o sofrimento ao qual estamos submetidos desde sempre. O espanto pode também nascer do desespero. A Physis pode ser um monstro, e não uma bela deusa.

O historiador de religião comparada Paul Carus, que viveu entre os séculos xix e xx, acreditava que o primeiro culto que os humanos criaram foi uma adoração às figuras míticas do mal devido à sensação de ameaça contínua: raios, tempestades, pestes, guerras, doenças, tristezas, morte. A conclusão racional dos nossos ancestrais foi que quem ou o que estava no comando era mau, pelo menos para nós. A oferta de sacrifícios, inclusive de humanos, era uma forma de aplacar essa violência. O sacrifício de inocentes seria, talvez, uma forma de violência contida num número menor de pessoas para aliviar uma forma de violência generalizada no horizonte. A Pré-História, e a história, sempre foi um escândalo.

Já nos séculos xx e xxi, arqueólogos contemporâneos como Brian Hayden confirmam a hipótese defendida por Carus com achados arqueológicos do Alto Paleolítico. A ideia de que o sobrenatural tenha sido primariamente apreendido como malévolo é bastante razoável dada a violência dos achados, inclusive da arte do Alto Paleolítico (200 a 50 mil anos a.C.), em que representações de animais em atitude de ataque e esculturas de pedra simulam rostos com gestos faciais violentos. A ideia do sagrado violento, também defendida por René Girard no século xx, reforça a hipótese de que nossa primeira mitologia ou metafísica popular – termo de Carus – tenha sido uma mitologia do horror. Somos, portanto, uma espécie atormentada pelo medo. O espanto pode ser um afeto cheio de terror.

Para Carus, a emergência da ideia de bem como princípio de poder deve ter surgido mais tardiamente porque implicaria a possibilidade de se oferecer alguma resistência ao desespero do reino do mal presente na violência dos elementos naturais. Portanto, antes de se constituir numa metafísica ou numa ética, o dualismo nasceu como mito, que, aliás, é definido pelo historiador como metafísica popular, como mencionado. A ideia do bem mítico depende de certa dose de esperança mítica também, da capacidade humana de enxergar o mundo como algo que acolhe e não só destrói. O bem é mais sofisticado e delicado do que o mal na sua relação com um mundo em que os fatos parecem impor uma sensação de risco contínuo. O profeta Zoroastro, no século VII a.C., parece ter sido o primeiro a constituir uma mitologia dualista em que o bem tem alguma chance de combate e vitória sobre o mal.

A hipótese monoteísta se bateu com essa apreensão do mal como prevalente. Fosse no temperamento explosivo do Deus do Velho Testamento, ou Bíblia Hebraica, em muitos trechos em que a violência tem nele mesmo a causa original, fosse em heresias como a gnóstica do paleocristianismo, quando textos apócrifos levantaram a hipótese de que o Deus criador, o demiurgo, fosse mau e a criação, uma câmara de torturas.

Mesmo na Grécia antiga e nas suas tragédias, em que justiça é conflito, em que o bem entra em conflito com o bem – como dizia Hegel no século XIX –, em que deuses e deusas nos atormentam com seus poderes e sua imortalidade, a percepção do destino frágil do homem é evidente. A ambivalência da realidade e a ausência de uma narrativa reconfortante das peças atestam uma mitologia de horror próxima à identificada por Carus, Girard e Hayden. A própria filosofia nascerá tentando se apartar dessa resposta negativa acerca da esperança como horizonte da ação humana racional e, em alguma medida, autônoma. Não é por acaso que o filósofo

Critchley, citado anteriormente, deduz que o desencanto com os deuses, com a política e com mundo é a raiz da filosofia. O desencanto pode ser uma forma poderosa de libertação do espanto com o mal, nos tornando um pouco mais atentos aos efeitos de uma metafísica popular a serviço do horror mítico. Nesse sentido, o espanto nos paralisaria, ao passo que o desencanto, por incrível que pareça, nos colocaria em marcha.

Max Weber já sabia disso quando chamou a atenção para o desencanto como categoria social emancipatória do pensamento. Localizando seu nascimento no profetismo hebraico que busca desmagificar a relação do povo de Israel com seu Deus, levando à crença de que Deus queria sim que eles cuidassem dos órfãos e das viúvas, e não que lhe oferecessem sacrifícios animais, os profetas estariam tentando afastar Israel de uma prática do encantamento como mágica no mundo. Claro que o termo weberiano será relacionado ao surgimento do método científico como esvaziamento da compreensão órfica da natureza descrita acima, mas o desencanto como categoria de pensamento vai sempre adiante, mesmo como desencanto com as ilusões de progresso acumulativo e moralmente linear que a ciência pode produzir no mundo.

Abandonando o reino da mitologia religiosa, o dualismo bem *versus* mal nos tem acompanhado há muito tempo, e sua maior importância tem sido a tentativa de construir uma narrativa que faça sentido na qual o bem, em alguma forma, divina ou histórica, vença ao final, ainda que na origem das coisas não tenha existido uma prevalência absoluta do bem. A vitória do mal parece implicar uma falta de sentido maior da realidade. Entretanto, a tentativa de dizer que na origem das coisas está alguma forma de bem tem sido importante para facilitar a construção de uma narrativa em que o trajeto em direção à vitória final do bem se faça possível, tanto na filosofia quanto nas religiões de um modo geral. Temos suportado menos o mal como senhor das coisas como pareciam suportar nossos ancestrais. Por que será? Uma evolução espiritual? Não creio. Talvez um crescimento dos sucessos prometeicos tenha nos levado a crer que o mal como origem e fim de tudo seria um absurdo. Se tivemos tanto sucesso em nossa *mechané* (luta) com os elementos naturais, logo, o cosmos é uma força a favor da minha *startup* – numa versão absolutamente miserável de qualquer otimismo cósmico.

Para além da ironia, o fato é que o otimismo contra a ideia de um deus mau pode ser fruto da ampliação do bem-estar roubado dos mistérios da natureza, que não é, tampouco, uma entidade a priori bela, como pensam alguns poetas e marqueteiros. A materialidade do crescimento do bem-estar pode sim ter nos tornado resistentes à aceitação da hipótese ancestral de que o mal seria o princípio de tudo. Por outro lado, se a hipótese do fundamento material do otimismo na luta entre o bem e o mal no cosmos for verdadeira – uma espécie de marxismo metafísico emprestado de última hora –, somos obrigados a aceitar que um desencanto pode surgir caso descubramos em algum momento que a esperança no bem seja, apenas, efeito colateral do sucesso material atingido. Se não houver esperança para além disso, retornamos ao desencanto como motor da consciência filosófica.

Meditação 4

# Evolução espiritual

Seria a vida uma peregrinação em direção a alguma forma de conhecimento maior? Ou a alguma forma de autoconhecimento avassaladora e transformadora que tira da escuridão as contradições da alma? Comecemos, como fizemos anteriormente, pelo método arqueológico. Vejamos como aparece hoje o tema da evolução espiritual e depois busquemos em exemplos passados outras formas de evolução espiritual.

Evolução espiritual hoje é um produto que vai do turismo à hotelaria, passando pelo conceito de "destradicionalização" até o de "experiência", termo que, como energia, já não significa mais nada.

As ditas novas espiritualidades se caracterizam por um forte componente de consumo, por isso marqueteiras, misturando um vocabulário de tradições espirituais de peso, desidratado de tudo que atrapalhe o consumo e a propaganda, daí o termo "destradicionalização", com um repertório supostamente científico, usando termos como "quântico", "energia", "universo", "veganismo" e similares. As novas espiritualidades são destituídas de qualquer contradição que apresente à pessoa um "eu" que carregue formas negativas em si. Dito numa linguagem direta: o "eu" é sempre lindo e sem sombras. Cristianismo (amor), budismo (desapego), hinduísmo (ioga), judaísmo (cabala) são as tradições mais contaminadas. Os termos entre parêntesis são os mais comumente utilizados na salada geral que fazem. Marcadas por um perfil narcísico, essas novas espiritualidades não costumam levar a lugar nenhum, a não ser a alguma forma de turismo descolado no Vietnã ou na Amazônia.

A falha nelas reside no fato de que falta nesses produtos de consumo a ideia representada, na tradição cristã, para dar um exemplo, pela travessia do deserto, mas que pode ser compreendida também como a travessia dos demônios interiores. Este componente implica as contradições interiores às quais fiz referência acima. No modo contemporâneo de consumo dessas espiritualidades, o que importa ao final, e com muito pouco sofrimento moral ao longo do "processo de autoconhecimento", é você sair "se aceitando" e se descobrindo como uma pessoa especial. Como fica o espanto diante de uma banalidade como essa? Resposta: não fica. Pelo contrário, abre-se espaço para o desencanto, tanto com o mundo contemporâneo quanto com sua incapacidade de oferecer qualquer coisa que seja diferente de um desodorante vintage.

Espanto e desencanto estão profundamente vinculados nas concepções de evolução espiritual das grandes tradições religiosas. O lugar do desencanto é aquele de uma etapa que prepara para o encontro com o encanto ou espanto com o bem e belo último, como diria Platão. O desencanto nas novas espiritualidades é diferente: neste caso, ele é o tipo de desencanto que lembra a compra de um produto falso por conta da mentira embutida na proposta motivacional dessas espiritualidades de consumo. Nas grandes tradições espirituais, ele, o desencanto, é da ordem do que eleva a alma em direção à humildade consigo mesma, passo essencial para a experiência da beleza mística, típica das grandes formas de espiritualidade. Não há evolução espiritual sem uma certa aniquilação de si mesmo, como dizia Marguerite Porete. Mas qual é o vínculo entre este tipo de desencanto e o espanto?

O desencanto consigo mesmo, gerador da humildade, produz uma leveza que é justamente a superação do orgulho. O orgulho pesa como dinâmica psicológica. Sua superação, segundo a literatura espiritual de qualidade, abre espaço para a percepção da dádiva que é o ser ou a graça na linguagem cristã. Nesse momento, surge o espanto.

Mas isso implica a ideia de evolução espiritual como realidade? Normalmente, quando se fala de evolução espiritual, se quer dizer um conhecimento mais definitivo do sentido da vida e do mundo. Como consequência, a pessoa em questão veria tudo à sua volta de forma mais honesta, desapegada, sem se perder nos elementos efêmeros da existência. Mesmo os sofrimentos da existência encontrariam uma acomodação mais leve dentro da vida interior, trazendo para esta e para as ações mundanas aquela qualidade que os outros descrevem como uma pessoa que carrega alguma forma de graça em suas atitudes. Graça e leveza são irmãs nos gestos de cada uma delas.

Existe tal forma de vida? A literatura especializada diz que sim. Hoje em dia, em meio às demandas enlouquecidas de sucesso, a ideia de uma evolução espiritual possível seguramente passaria pelo desprezo pelas métricas do sucesso. Talvez aí percebêssemos o lugar mais preciso da relação entre evolução espiritual e espanto: o próprio encanto que uma pessoa assim causaria no meio em que vive.

Pelo simples fato de respirar ao seu lado, faria você ou bem odiá-la por inveja, ou desejar tocá-la como um pedaço da divindade.

Fundamental num tipo de pessoa como essa é a não consciência do que traz consigo como tesouro. A humildade profunda é um escudo contra uma consciência orgulhosa acerca dos próprios talentos.

A capacidade de gerar espanto ou encanto no mundo, muitas vezes vista como predicado de grandes heróis, santos ou místicos, pode também ter lugar no espaço estreito da delicadeza no cotidiano quando sentimos um certo halo de milagre no comportamento de alguém no trabalho, na família, no lazer ou no transporte público. Esses gestos de leveza normalmente carregam em si a face da generosidade, da humildade, da doçura e de uma despreocupação consigo mesmo que nos faz sentir vergonha do quanto somos estratégicos em nossas relações diárias.

Nada disso transparece nos gestos dos praticantes das novas espiritualidades, que quase sempre têm nos olhos o brilho de quem entende que o mundo deve ser seu território de sucessos.

**Meditação 5**

# Seriam o homem e a mulher seres adoecidos?

Uma das formas mais impactantes do desencanto para a inteligência é a hipótese de que nós, seres humanos, sejamos seres adoecidos a priori e de que a vida consista em combater e resistir ao inexorável processo de dissolução da ordem que caracteriza o ser vivo e pensante. Olhemos esse debacle mais de perto.

O dia a dia precisa respirar a esperança. A fisiologia do cotidiano se mantém no horizonte como expectativa de continuidade do mesmo cotidiano. Dito de outra forma: a angústia diante da decadência da vida do corpo nos apavora. A chamada finitude é o nome filosófico da morte. O espanto diante dela tem um gosto amargo, distante do gosto poético que a ideia de espanto normalmente carrega em si nos defensores do espanto como origem contemplativa da filosofia.

É um espanto que desencanta. Talvez os órficos levassem pouco a sério a agonia que moveu os prometeicos.

O anatomista, histologista e estudioso da fisiologia francês Bichat, que viveu entre os séculos XVIII e XIX, costumava dizer que a vida é um conjunto de reações que resiste à morte. Uma hora, essas reações perdem a força e a morte se impõe como dissolução dos processos fisiológicos que resistem aos processos mórbidos, mais conhecidos pelo termo técnico, patologia.

Uma coisa é colocarmos a saúde e a vida como condições a priori da matéria, outra é pensarmos que o destino em si da matéria seja a permanência na condição inorgânica, com o breve intervalo da matéria orgânica, na qual se aloja a consciência de tudo isso. Esta segunda hipótese toma a doença e a morte como condição a priori mesmo da vida. E aqui reside causa suficiente para um enorme espanto negativo que facilmente pode nos levar ao desencanto com fortes tons melancólicos.

O conceito freudiano de pulsão de morte não é outra coisa do ponto de vista ontológico. Entender que habita nossa constituição profunda uma dinâmica de morte, ou autodestruição, porque a vida tende a repousar na sua condição anterior, a matéria inorgânica, é supor que a doença, e não a saúde, seja nossa condição essencial. A vida como acidente da matéria e a consciência como a tentativa de negar esse acidente.

Do ponto de vista psíquico, poderíamos dizer que enfrentamos um combate contra a desordem, conhecida como as diversas formas de psicopatologias. Estamos sempre sob o risco de perder o juízo diante das pressões do cotidiano e das contingências que nos assolam. Mas podemos pensar também esse princípio um tanto entrópico da vida interior como sendo a própria dinâmica das paixões ou emoções, como se costuma dizer hoje em dia. Desde a Grécia antiga, a filosofia teme as paixões como força dissolutiva da saúde em todos os sentidos, inclusive da política. Controlar as paixões era, portanto, uma tarefa de todo bom cidadão. As paixões são dissolutivas da ética, da política e da saúde física. Um elemento constitutivo que trabalha contra a constituição que o sustenta, de certa forma. Não fosse pelos efeitos muitas vezes encantadores das paixões, talvez elas não fossem tão ambivalentes em nossa percepção.

O próprio movimento romântico do final do século XVIII e ao longo do século XIX terá uma opinião sobre as paixões como centro da vida interior, apesar de que mudará o valor delas de forma dramática: as paixões passarão de valor negativo a positivo, ainda que a possibilidade destrutiva permaneça presente, com a diferença de que morrer de amor ou de desespero pela perda do amor será visto como forma de integridade da personalidade. O sofrimento do par romântico em não conseguir dar conta do seu amor desesperado, como no romance de Emily Brontë, *O morro dos ventos uivantes*, soará como uma confissão da nossa verdadeira natureza: objeto de

# A filosofia e o mundo contemporâneo

um oceano de emoções que nos ultrapassam e afogam nossa razão. Acontece aí uma idealização da vida desregrada das paixões por oposição à vida interesseira da nascente burguesia capitalista industrial. O encantamento com as emoções incontroláveis como signo de autenticidade até hoje causa efeitos, ainda que batendo em retirada num mundo em que a lógica brega do sucesso métrico ganha cada vez mais terreno.

O ensaísta e romancista Thomas Mann, no seu *Pensadores modernos*, suspeita que Schopenhauer, no século XIX, tenha inaugurado uma tradição na qual o homem seria visto como um ser a priori adoecido – e não só ele, mas a totalidade dos seres vivos que se entredevoram para continuarem vivos e serem comidos na sequência, como diz o Brás Cubas niilista de Machado de Assis. Autores como Freud e Nietzsche estariam nessa mesma linhagem.

Para Schopenhauer, tudo que respira é feito de uma vontade cega, irracional e destrutiva. Essa vontade move nosso intelecto e nossa consciência, além da nossa própria vontade, claro. Nesse cenário, viver é combater continuamente esse impulso (pulsão, diria Freud) em direção à destruição. Uma ontologia como essa necessariamente produz uma moral e uma psicologia com tendências claras ao desencanto, ainda que o espanto aqui permaneça, com certeza, mais próximo da tendência original da espécie de adorar espíritos malignos – como falamos antes – por conta das agonias internas e externas da vida cotidiana desde o Alto Paleolítico. O mal e o sofrimento também podem causar espanto.

Mas as emoções ou paixões não param aqui. Na meditação seguinte, voltaremos a elas de modo específico, quando o mundo corporativo as transforma em "ativos" para o sucesso, numa contradição em termos com o que a história, a espiritualidade, a literatura e a filosofia sabem acerca delas há dois milênios e meio.

Meditação 6

# Emoções são passíveis de instrumentalização para o mundo corporativo?

Vimos acima como as paixões têm sido objeto de preocupação da filosofia e demais áreas do conhecimento. Como elas podem ser agentes desagregadores da busca de uma vida mais prudente. Entretanto, a instrumentalização das emoções para fins de sucesso nos negócios tem crescido enormemente, constituindo-se num nicho de mercado específico, com palestrantes, workshops, MBAS, livros de autoajuda e terapeutas motivacionais mal--intencionados.

O uso das emoções para fins estratégicos, que alguns chamam, cinicamente, de inteligência emocional, causa espanto pelo seu mau-caratismo conceitual e ético. Sua realidade se soma ao desencanto geral com a instrumentalização da vida que o mundo contemporâneo enseja. Essa abordagem se divide, basicamente, em dois campos. Um é aquele que trata de fórmulas para lidar com o medo de voar ou a angústia diante de uma entrevista de trabalho. Ou seja, nesse campo, trata-se de aprender a organizar suas emoções para lidar melhor com problemas cotidianos de alto estresse. O outro campo é aquele em que você aprenderia a lidar com as emoções dos outros para conseguir seus objetivos. Os dois estão relacionados.

Por exemplo, imagine que você está numa entrevista de trabalho. Ao chegar, elogie algo da pessoa para que ela o veja com bons olhos. Apesar de estar sob a rubrica inteligência emocional, trata-se, na verdade, apenas da velha mentira para atingir resultados. Por que as paixões chegaram a tal degradação?

A verdade é que as paixões ou afetos, a partir do século XVIII, principalmente na filosofia britânica, passaram a ter um lugar que podemos chamar de constitutivo na vida psíquica, social e ética. Autores como Adam Smith (século XVIII) e John Stuart Mill (século XIX) falavam de sentimentos morais

(Smith) e afetos morais (Mill) como parte da integridade da personalidade moral dos sujeitos sociais e políticos. A ideia de sofrimento moral passou a fazer parte do universo de conceitos que descrevem o bem-estar ou mal-estar social e psicológico.

Partindo daí, a ideia aparentemente inocente de ensinar aos alunos, desde cedo, a elogiar pessoas em posição de poder para alcançar objetivos estratégicos será vendida como um modo inteligente de viver as emoções. Na verdade, trata-se de um modo de humilhação da vida dos afetos morais que não passa de uma mentira travestida de astúcia instrumental. A incapacidade de perceber o sofrimento moral das pessoas por parte dos profissionais que "ensinam a mentira" como estratégia de sucesso "disruptivo" revela a violência afetiva disfarçada de inteligência emocional. A degradação da vida emocional desvela o alto processo de commoditização do capitalismo avançado no seu processo de degradação da vida interior, submetendo-a à lógica do dinheiro. Olhar para isso só reforça a hipótese de que a filosofia, entendida aqui como consciência moral, alimenta um forte viés de desencantamento com o mundo. A alienação ou má-fé de quem propõe essa mentira sistêmica é evidente. O espanto com o mal, ainda que banal, salta aos olhos de quem vê.

Vemos assim que o espanto na filosofia não passa necessariamente pelo belo ou pelo bom, como uma linhagem platônica ingênua pensaria ser o caso. O espanto com o mal, como no caso da crueldade, é uma realidade consistente com a filosofia. A percepção de como um sistema econômico, social e político pode invadir e administrar a vida emocional para seus fins transcende a moda do combate aos assédios, para se constituir numa ferramenta oficializada pela inteligência corporativa, pública, acadêmica e do marketing.

Não parece existir qualquer saída desse quadro descrito acima. A própria inexistência de uma saída para essa situação, ainda que mintam sobre isso, reforçaria a hipótese de que a inteligência filosófica, que indaga acerca de fundamentos, procedimentos e desdobramentos da vida como um todo, encontra no desencantamento um espaço para a constatação de que mesmo o espanto poderá alimentar o olhar cético, mais típico do desencanto para com a ingenuidade de quem, normalmente, assume que o espanto com a vida seja apenas uma realidade da relação com a beleza das coisas. A violência, ainda que disfarçada na lida com as emoções, é um indicativo evidente de que o desencantamento é um elemento fundante do olhar profundo sobre a natureza das coisas.

Como já dizia Theodor Adorno no seu *Minima Moralia*, nos anos 1940, enquanto vivia exilado nos Estados Unidos fugido do nazismo, na sociedade capitalista americana de então, a vida privada e interior já era arrastada como parte da mercantilização geral das relações sociais. Esvaziada de qualquer substância que lhe fosse intrínseca, a vida subjetiva se preparava para ser enquadrada na cifra generalizada de inteligência emocional para o progresso dos negócios.

Meditação 7

# Liberalismo: modernidade como conflito em movimento

A expectativa de "mundo no lugar" acabou há muito tempo. A fantasia de que tudo tem um lugar predeterminado numa ordem maior, tão comum na contemplação de seres como a natureza, da qual falamos anteriormente, expirou. Claro, o fetiche permanece, mas agora a ordem do mundo é a desordem do mundo. O movimento, a instabilidade, o efêmero travestido de disrupção criativa regem a sinfonia dos últimos trezentos anos, impondo um ritmo sôfrego a uma espécie muito antiga, adaptada à lentidão e à contemplação muito mais do que à ação calculada de forma sistêmica.

Nunca o desencanto foi tão necessário como método de reflexão. Parafraseando o sociólogo alemão Wolfgang Streeck, em atividade, não ser obrigado a ser otimista em nome da saúde dos negócios é a única forma de liberdade de expressão que importa.

Imagino que, na virada do século XVIII para o XIX e ao longo deste, as pessoas, na Europa e nos Estados Unidos principalmente, devem ter contemplado o nascimento do liberalismo capitalista em processo de parir a Revolução Industrial como objeto de um enorme espanto, encanto e medo, tudo ao mesmo tempo, principalmente dependendo do seu lugar no mundo, aquilo que os ingleses chamam de *station*. A percepção do movimento crescente e recente na vida deve ter impactado a sensibilidade dos que viram a gênese desse processo. A humanidade se arrastou por centenas de milênios sem nenhuma grande experiência de aceleração do tempo social. De repente, num espaço de poucos anos, as relações sociais de produção mudaram e se tornaram vertiginosas, gerando uma experiência de mudança radical no cotidiano, nas expectativas e na sociedade como um todo. A esta experiência temporal chamamos de "tempo social", como o faz o sociólogo do século XX, Norbert Elias, porque nasce das relações sociais materiais.

A filosofia e o mundo contemporâneo

O nascimento da modernidade deve ter sido um real espanto para os que navegavam com dinheiro e poder nessa vertigem de velocidade. Já para os mais pobres, o espanto deve ter tido tons de pesadelo. Não porque estivessem perdendo uma vida idílica, como pensam românticos até hoje, mas simplesmente porque o mundo virou pelo avesso, como numa explosão vulcânica em que os modos de vida, todos eles infelizes e, na sua esmagadora maioria, precários, como sempre, foram para os ares, deixando um rastro de destruição mesclado com as novas formas da miséria, agora urbana e em movimento contínuo, mas um movimento cujo motor não estava nas suas mãos – apenas a violência da mudança vivida como objeto lhes sobrou.

O jornalista Edmund Fawcett, em atividade, nos seus dois livros sobre liberalismo e conservadorismo, nos dá uma visão bastante operacional para entendermos como se deu o surgimento da modernidade como mobilidade infernal acelerada do ponto de vista político e moral. Esse olhar se dividiu em duas atitudes até hoje válidas para entender o impacto modernizador, ainda que com mudanças contemporâneas, claro.

Para Fawcett, os liberais foram aqueles que abraçaram as rupturas modernas de forma encantada, investindo na ideia de que o mundo que ali nascia o fazia em nome do progresso da humanidade, material, político e, por que não, moral, enfim, em uma visão de sociedade em que os desacordos construiriam acordos, num tempo de crescimento acumulado de avanços, mas em debate contínuo, sem conclusão definitiva sobre nada e sem vitorioso final. O processo era o que importava, e esse processo era um encantamento de ganhos para o mundo, e, reconheçamos de bom grado, os ganhos técnicos e científicos só se acumularam desde então.

Já os conservadores encarnaram a desconfiança diante do encanto que os liberais viam na tarefa diante de si. Se a política liberal seguia no sentido de ampliar paulatinamente a representação política dos cidadãos, a fim de acomodar as tensões de uma sociedade em movimento e a ampliação de consciência quanto às suas necessidades e direitos, a política dos conservadores seguiu no sentido de buscar desencantar a sociedade para com a sedução da mobilidade acelerada do mundo de então. É evidente que esse processo político prático se deu de forma a defender instituições colocadas em crise pelo movimento liberalizante. Quais eram essas instituições? A passagem do tempo histórico dirá suas identidades – família, igreja, monarquia, escravidão e outras que virão –, na dependência das transformações econômicas, políticas e sociais.

De qualquer jeito, olhando para a política desde então, temos uma percepção muito rica do que significa esse par de opostos, espanto ou encanto *versus* desencanto, como motor de reflexão. Percebemos inclusive como a posição liberal, mais próxima do espanto e do encanto com a modernização, carrega consigo a aura do otimismo diante da história, ao passo que o desencanto ou ceticismo parece se aproximar do pessimismo identificado com a posição conservadora. Vemos que essas categorias não são apenas abstratas ou estéticas. O espanto ou encanto e o desencanto se materializam em atitudes concretas e históricas diante da vida até hoje, basta prestar atenção à sua volta. Se a modernidade é conflito social em movimento, esse conflito sangra, seja pelo encantamento com sua beleza destruidora e criativa, seja pelo desespero de uma consciência que contempla esse processo de forma inevitável e desencantada.

# Meditação 8

# Ansiedade, angústia e desespero: paixões tristes no centro da personalidade

Aparentemente, o mundo moderno descobriu a angústia como sua alma gêmea. Isso é uma meia verdade. Há muito se fala em melancolia na filosofia ou na medicina, ou em acídia na literatura espiritual monástica cristã – neste caso, desde a antiguidade tardia –, portanto não é exatamente verdade que haveria uma relação exclusiva entre o nascimento da modernidade, no século xix, e conceitos como ansiedade, angústia ou desespero.

Para a literatura espiritual cristã medieval, a perda do encanto com a beleza da Criação era fruto do ataque do demônio do meio-dia (hora do sono após a refeição, momento da preguiça) ao coração, produzindo um desencanto profundo com a vida e sua beleza. Sem espanto com o mundo à volta estimulando a ação, restava o desencanto estimulando a preguiça e a tristeza.

Vale lembrar que, para a filosofia de então e para sua anatomia metafísica da alma, o coração era o órgão da vontade; por isso, uma vez sofrido o ataque do demônio, o coração perdia o encanto e, assim, a vontade de investir na vida e no mundo. Isso era a acídia, um pecado capital.

A angústia moderna é de outra raça. Nascida pela pena de autores como o francês Pascal, no século XVII, e o dinamarquês Kierkegaard, no século XIX, a angústia moderna nada tem a ver com a negação da beleza divina do Ser, nem tampouco com o determinismo da medicina antiga grega dos temperamentos, entre eles o melancólico que sofreria por ter excesso de bílis negra no sangue.

Quando falamos da angústia moderna, falamos do sentimento de sermos filhos da contingência, lançados num mundo que nos é estranho, indiferente e abandonado à escuridão, à gravidade e ao infinito como indeterminação absoluta. O universo é belo, mas hostil à vida. Uma máquina de moer nossa busca de significado maior para as coisas.

Claro que, para esses dois autores, havia Deus, mas em pouco isso ajudava para a psicologia existencial que eles criaram. Tentamos fugir da angústia continuamente porque ela é insuportável e ácida. Sentimo-nos perdidos num universo cego e num mundo que nos ultrapassa. A fuga erra entre a idealização do gozo estético, buscando fazer da vida uma Disney, do bem ético uma forma de garantia contra a angústia da incerteza das coisas e da religião uma doutrina que sustenta que a divindade, ao final, está a serviço da condição insuportável da angústia. Todos os recursos falham e caímos no desespero, que é a perda da esperança diante da vida – isso tudo nos diz Kierkegaard. A angústia não vai embora. Remédios, autoajuda e similares atenuam, mas ela permanece como uma substância de fundo. Como um espinho na carne, como dizia o filósofo dinamarquês. E por que "só agora"?

A modernização e sua velocidade vertiginosa, como vimos, são a marca de um mundo que surgiu dos escombros de uma existência praticamente imóvel. O campo permanece igual a si mesmo na sua condição natural; na maioria das vezes, a cidade muda sem que nossa percepção possa repousar muito tempo na forma do seu espaço físico e suas construções. A destruição moderna das origens e raízes, o surgimento de um mundo que prescinde de Deus no cotidiano da solução dos problemas – o tempo secular, como tão bem descreve no seu *A era secular* o filósofo Charles Taylor, no início deste século XXI –, o avanço abissal da técnica transformando a natureza, o futuro e o corpo, tudo se movendo em direção ao estranhamento. Se o sentido é filho do tempo que escoa na longa duração da história – a *longue durée* do historiador Fernand Braudel – e do cosmos, no caso moderno, esse tempo passa prioritariamente na velocidade acelerada do tempo social das máquinas e, agora, do mundo digital.

O tempo digital é impiedoso para quem habita o tempo da biologia, como nós.

A desorientação que a modernidade gera em nós produz os afetos tristes peculiares que aqui descrevemos. Sendo a ansiedade, especificamente, a inundação da alma pela percepção de que vamos falhar diante da demanda de controle, cada vez maior, dos riscos no tempo digital. O fracasso diante dessa demanda nos enche de ansiedade, prevendo mais fracassos.

Todos esses afetos tristes, nascidos do chão material do mundo, desencantam o Ser, fazendo da vida uma longa tarefa sem roteiro, ao mesmo tempo filho da indeterminação de tudo, nome da contingência para quem tem consciência dela à sua volta.

# Meditação 9

# Pensando de forma materialista: a importância do marxismo para o entendimento da realidade

Pensar a matéria como um parâmetro essencial para a realidade sempre foi fundamental. Seja esta matéria pensada como átomos no atomismo epicurista antigo, seja ela pensada como as relações materiais que geram a vida concreta das sociedades, como em Marx, seja esta matéria pensada como os corpos vivos submetidos à lei de seleção natural regida pela cega contingência que reina nos espaços e nos seres vivos, como em Darwin. Nos três casos, muitos poderão ver um modo desencantado de olhar sobre o mundo, desprovido de qualquer pressentimento da existência de uma dimensão invisível e misteriosa, muito afeita às almas que contemplam o espanto em toda parte. Para mim, especificamente, o olhar materialista sempre carregou em si algo de operístico porque dramático. Como um atomista darwinista poderia dizer: o homem é o pó feito de átomos que atingiu a consciência num espaço vazio e cego cheio de átomos, por sua vez cegos eles mesmos.

Concentremo-nos agora no materialismo marxista; em seguida, teremos a chance de pensar no darwinismo e atomismo.

A ideia de que as relações materiais de produção e distribuição possam determinar em grande medida o que fazemos, sentimos, pensamos, e como as sociedades se organizam e estabelecem prioridades em termos de valores e poder parece a muitas pessoas um modo empobrecedor de ver o mundo. Mais do que isso, muitos pensam que seria uma negação da liberdade humana. Há de se reconhecer que a ideia de liberdade é um dos grandes fetiches modernos e contemporâneos, o que não quer dizer que alguma forma de liberdade não seja importante e não exista.

Pensar de forma materialista é perceber que a sociedade não é um ser "espiritual", mas sim resultado do modo como o concreto se torna real e funcional, determinando os limites do possível. Se quisermos exemplos banais, podemos lembrar que, se você cresce num ambiente familiar em que se desloca por helicóptero cotidianamente, provavelmente terá dificuldade em acessar experiências do que é pegar um trânsito insuportável, já que o verá apenas de cima; buscará então garantir o aumento de heliportos na cidade e se preocupará com a tecnologia e a formação dos pilotos de helicóptero assim como mortais se preocupam com greves do metrô.

A própria descrição que fiz anteriormente do que é a sociedade moderna fruto da revolução capitalista industrial é possível apenas quando olhamos para os modos de produção que se transformaram ao longo dos séculos XIX e XX. A mobilidade extrema e acelerada da vida moderna é causada pela velocidade da produção, da demanda, da oferta e do consumo de bens. O tempo social depende da velocidade e da forma como construímos esse social, e não das ideias que temos sobre ele. Para que essas ideias se tornem fatos determinantes, elas devem entrar em relação com os modos de produção da realidade, sendo elas mesmas já resultado desses modos que permeiam nossa cognição e sentimentos.

Pensar de forma materialista nesse sentido é não pecar de forma metafísica, isto é, não assumir que fórmulas descoladas do que torna possível a realidade tenham validade no embate do dia a dia. Se durante quase 400 mil anos nada se passou no campo da técnica de produção da vida, o resultado é que nada mudou na vida de forma marcante. A psicologia pré-histórica tendia, de certa forma, à inércia. Quando aprendemos a produzir artefatos com ossos, por volta de 25 mil anos atrás, o tempo social e psíquico "acelerou" o desenvolvimento de rituais funerários, armas de combate, formas do imaginário pós-morte, a "vida romântica" dos homens e mulheres, instrumentos de alimentação, expectativas de controle do futuro, na medida em que ampliamos nossas capacidades de enfrentamento dos elementos naturais que nos cercam, nos alimentam e nos assolam.

Nada no uso do materialismo histórico marxista nos obriga a crer na utopia marxista conhecida. Olhar o desenvolvimento do capitalismo a partir desse referencial nos torna capazes de entender o avanço contemporâneo da entropia social sem inferir que um socialismo belo surgirá a partir dessa entropia, como se pensou nos séculos XIX e XX. Nada nos espera de especial na agonia do capitalismo. Essa entropia se dá pelo fato de que a aceleração dos modos de produção não é necessariamente pautada pela sustentação da vida social nem pelos limites cognitivos e afetivos dos seres humanos. Há um elemento de vertigem na modernidade. Sem o elemento de esperança suposto pelos liberais, o risco de ruptura do tecido social crescerá.

Para quem tem olhos para ver, há um certo espanto quando se descobre que essa forma de interpretação das coisas (hermenêutica, em linguagem filosófica) nos torna mais inteligentes na captura do mundo à nossa volta e de suas consequências. Toda vez que a inteligência avança, o espanto com sua existência se apresenta, porque a inteligência encanta: este é o espanto em si do qual se fala que gerou a filosofia, o espanto com a capacidade de enxergar mais do que os comuns enxergam. Por outro lado, o reconhecido efeito de desencanto aqui é mais um exemplo do que o desencantamento de Weber produz quando abandonamos o infantil mundo da metafísica. A rigor, nunca há de fato uma oposição mortal entre espanto e desencanto, porque os dois se encontram na carpintaria de como funciona a inteligência verdadeira, aquela que enxerga a profundidade onde a estupidez vê apenas superfícies banais.

### Meditação 10

# A ópera darwinista
# e o atomismo

Vejo o darwinismo como uma ópera do pó que se tornou consciente de sua solidão cósmica. Ainda que reconheça a presença de um certo desencanto nessa cosmovisão materialista, principalmente para aqueles que postulam alguma forma de roteirista sábio por trás do Ser, para mim, muito pelo contrário, o cosmos darwinista sempre gerou enorme espanto. O espanto puro. A metafísica do evolucionismo é uma ópera em movimento infinito.

A ideia de uma imensidão cega preenchida de maneira irregular por matéria dispersa sem *télos* (finalidade) sempre me encantou. A imensidão desse espaço acompanhada pela outra imensidão, aquela de um tempo infinito e indiferente a tudo, me espanta: como da contingência cega nasce a consciência dessa contingência cega?

Sei que muitos alocam Deus ou qualquer inteligência justamente nesse espaço "vazio" de causa primeira, como diria Aristóteles. Não nego a beleza da hipótese de um Ser absoluto, eterno, perfeito, todo-poderoso e, por isso mesmo, solitário. Mas, por outro lado, a ideia de que a matéria orgânica nasce dessa inexistência de ordem, ao sabor do acaso, e do tempo infinito que escorre pelo espaço, indo para lugar nenhum, carrega consigo uma beleza assustadora. Deus é um sujeito. Essa contingência cega atinge a condição de sujeito, em nós humanos, depois de muitos eventos cegos em si, seguindo a lei de seleção natural. A própria seleção natural só toma consciência de si quando surge a consciência humana. Como não ouvir o grito dessa consciência contra a inexistência de som no espaço exterior à Terra? A resposta do grito humano é o silêncio da cegueira.

A resposta ao vazio de causa primeira é que o espaço e o tempo sempre estiveram aí. Essa repetição infinita já é em si um espanto.

Para os atomistas epicuristas da Antiguidade, os átomos eternos vagam pelo espaço vazio eterno e sem destino. De repente, alguns fazem um desvio de rota (*clinamem*), sem motivo para tal, e do choque entre esses átomos surgem os corpos e o Ser tal como conhecemos. Epicuro e seus seguidores concluirão que o sentido da vida é buscar usufruir o melhor possível dessa graça da contingência em ter-nos "criado" a partir do acaso e da cegueira ontológica. Este é o prazer (*hedoné*) epicurista, não o acúmulo de bens *ad infinitum* como se costuma entender, ou o de gozar a vida toda.

A fragilidade da existência encanta. A indiferença do universo encanta. A ordem surgindo da desordem encanta. A solidão intrínseca encanta. Saber de tudo isso é o espanto máximo da filosofia. Ou da sua ciência primeira, segundo Aristóteles, a ontologia, a ciência do Ser. Espanto e desencanto se encontram mais uma vez.

## Meditação 11

# Liberdade como fetiche

Fala-se muito em liberdade, como se ela fosse um dado da natureza. A dificuldade de definir liberdade pode ser vista de duas formas, no mínimo. Primeiramente, uma negativa: as frases curtas idiotas em que se diz "liberdade é..." denotam a impossibilidade de definir liberdade numa frase. A segunda, positiva, reside no fato de que, para definir liberdade, faz-se necessário um percurso conceitual que abrange a filosofia, a sociologia, a ciência política, a economia, a psicologia, as ciências jurídicas, as neurociências, a astronomia e, às vezes, até a literatura ou a poesia. Enfim, um repertório fora do normal. Na verdade, ninguém é capaz de tal feito.

Liberdade política, por exemplo, já foi definida, por especialistas, de maneiras distintas. Aliás, a existência de definições distintas de especialistas já indica que não há consenso sobre o que seja a liberdade, principalmente quando as comparamos com a intuição imediata do senso comum sobre o que seria a liberdade, a saber: liberdade é fazer o que queremos, quando queremos e como queremos. Mesmo que essa definição pareça sólida, qualquer um que tenha um mínimo repertório sabe que é falsa, ainda que, do ponto de vista intuitivo, ela tenha a força da experiência cotidiana. Nunca podemos fazer exatamente o que queremos, nem quando queremos, nem como queremos, logo, essa definição de liberdade é uma quimera banal.

Para o pensador Benjamin Constant, que viveu entre os séculos XVIII e XIX, a liberdade dos antigos seria mais política e coletiva, enquanto a dos modernos seria mais individual e jurídica. Enquanto os antigos pensavam a liberdade como participação política que garantia a liberdade da *pólis* ou da república, os modernos liberais, como ele, pensam a liberdade como o espaço privado de ação do indivíduo, garantido pelo respeito às leis.

A concepção de liberdade trazida pelo liberalismo econômico privilegia a ação empreendedora dos indivíduos no mercado. Nesse sentido, o componente de risco da liberdade aparece de modo evidente. Pessoas perdem a vida ou têm sucesso gigantesco assumindo a responsabilidade, às vezes mortal, por suas escolhas e decisões, econômicas, morais, afetivas ou políticas.

A liberdade moral, pensada como responsabilidade de escolhas, é outro campo em que o conceito é amplamente instável. Podemos ver, como exemplo clichê, todo o debate ao longo da pandemia da Covid 19 – sobre a qual, quando você, leitor, ler esse livro, talvez nem se lembre do que se trata – acerca do passaporte da vacina *versus* a liberdade de ir e vir sem vacinas. Nem tampouco aqui há consenso que possa fazer você dormir tranquilo. Na verdade, muita gente pouco se importa com a liberdade, contanto que a janta seja servida todo dia na mesma hora.

Eu, pessoalmente, considero os antivacinas uns idiotas que deveriam ser contidos em asilos de loucos.

Um dos grandes conflitos é sobre o quanto somos determinados por fatores biológicos, psicológicos, sociais e históricos no exercício da liberdade ou mesmo da percepção dela. Como a filosofia se indaga há séculos: somos livres ou determinados? O pecado determina nossa vontade ou nossa vontade pode ser livre do pecado, como discutia Santo Agostinho entre os séculos IV e V? Somos determinados por limites biológicos e contextuais na nossa ação livre? Claro que sim.

A conclusão que nos chega dessa multiplicidade de facetas é que a liberdade é sempre um conceito segundo ou derivado de outros campos da experiência humana, e jamais um conceito primário. Não existe liberdade pura, em si, ou fora de um contexto de referências que a defina como realidade.

O que salta aos olhos neste brevíssimo resumo são a imprecisão e a complexidade

A filosofia e o mundo contemporâneo

da ideia de liberdade. Eu posso viver sob um governo como o chinês, contido entre tecnologias de controle, sem democracia, e experimentar a liberdade de poder comprar o que quiser como fruto do meu sucesso material, olhando para o Ocidente e vendo a democracia liberal como confusão e instabilidade desnecessárias. Esta imprecisão é, justamente, a causa da instabilidade do conceito. Esta imprecisão gera um possível desencanto com a liberdade quando lidamos com ela como fetiche, ou seja, quando confundimos liberdade com a liberdade do desejo, coisa que o capitalismo faz de forma sistemática via marketing.

O espanto com a liberdade nesse caso é puro fetiche, e tal fetiche gera desencanto quando desvelado pela inteligência atenta, desencanto este que nos acompanha toda vez que tentamos, como aqui em nossas breves meditações filosóficas, pensá-la para além do falso encanto com o qual a liberdade é apresentada nos comerciais de banco em que os personagens correm de manhã, cheios de saúde, juventude e dinheiro.

A liberdade do liberalismo, a mais comum quando pensamos em liberdade, é a liberdade de viver continuamente sob o risco da degeneração da própria liberdade, por exemplo, quando vemos a pressão que advém dos conflitos políticos, jurídicos, sociais e econômicos que assolam o mundo. O desencanto é o motor de qualquer reflexão mais sólida sobre a liberdade para além do fetiche dos ricos e famosos para com ela. Por outro lado, se não podemos fazer uma *selfie* com a liberdade, isso quer dizer que ela não existe? Pergunta-se um dos imbecis citados por Umberto Eco.

Meditação 12

# A desconstrução de tudo

A ideia de desconstrução nasce do relativismo em filosofia aplicada à história dos conceitos, dos contextos, das instituições e das organizações do poder. Não é muito diferente daquilo que Michel Foucault, no século xx, chamava de "episteme" para denominar o conceito que descreve aquilo que os ingênuos como você chamariam de "verdade". Na verdade, essa "episteme" foucaultiana nada mais é do que um conjunto de ideias, enunciados, normas que, sustentados pelo poder político, acabam por ter valor de verdade. Resumindo, "verdade" = poder, logo, pura política. Quando você descontrói ideias que parecem absolutas, levando-as aos seus contextos variados, elas desmancham na sua equivocada condição de absolutas.

Mas o processo essencial da desconstrução técnica brota da filosofia da linguagem de autores como Jacques Derrida, no século xx. Pensada como forma de libertação – daí sua natureza de pensamento político de esquerda (você pode tranquilamente assassinar pessoas, contanto que o faça com a intenção da chamada "liberdade") –, a desconstrução visa desvelar as intermináveis camadas de significado que uma palavra, uma frase, um conceito, um texto, um gesto podem carregar em si. A ideia está intimamente associada a outra ideia, que é a condição infinitamente hermenêutica de tudo, ou seja, tudo é interpretação, depende do olhar desconstrutivo que você lança sobre um objeto. A desconstrução é uma forma chique de redizer o relativismo sofista, e comprová-lo. Quem nega o estatuto absoluto da desconstrução sobre o mundo o faz porque é mentiroso, ignorante ou conservador.

Exemplos? Mulher desconstruída é uma mulher que revela o caráter construído da identidade feminina ao longo dos tempos. Essa constatação implica outra essencial:

tudo é construção sócio-histórica, portanto não há essências (platonismo, como falam os chiques) em nada, tudo foi efeito do tempo e das camadas de construção que trouxeram os objetos até nós, sendo objetos tudo o que existe no mundo humano.

Masculinidáde desconstruída. A identidade masculina é mera construção histórica a serviço da opressão dos outros. Na verdade, não há um homem verdadeiro, apenas modos de mentir para nós sobre o que seria um homem "em si". Se, como vimos, a liberdade é um conceito derivado de outros campos da experiência humana, a desconstrução, ferramenta máxima da filosofia pós-moderna, também decreta que homens e mulheres são identidades derivadas, principalmente, do patriarcalismo culpado de tudo.

O exemplo máximo na indústria cultural recente das mídias em geral é a teoria de gênero, segundo a qual não existe sexo na humanidade – a humanidade não é dividida pela díade macho e fêmea. Apenas existe um

A filosofia e o mundo contemporâneo

gradiente de gêneros que fluem entre os limites, cujos polos imagináveis como homem heterossexual e mulher heterossexual nos enganam há milênios.

Indo além da tara sexual que domina grande parte do debate público contemporâneo, a desconstrução é um conceito sólido dentro da hermenêutica, você goste ou não. Os limites da hermenêutica, como se perguntava Umberto Eco em pleno século xx, a rigor, não existem. Amor, lealdade, crueldade, passado, presente, futuro, tudo pode ser desconstruído linguisticamente e, assim, em todos os planos da experiência humana. Posso mesmo reduzir a validade da ciência aos seus contextos de domínio imperialista, revelando sua sociologia para além da sua epistemologia, como mostrou Thomas Kuhn no século xx.

Como desconstruir a biologia? Ativamente, em vez de retroativamente, como se faz nas ciências humanas, revelando as camadas históricas depositadas nas "verdades" de modo silencioso na ordem dos tempos. Via biotecnologia, cibernética e TI, posso desconstruir a ideia do humano no futuro, fazendo com que em quinhentos anos nossos "descendentes" olhem para nós como olhamos para os australopitecos. Nas ciências naturais, a desconstrução é, portanto, um ensaio tecnológico acerca do futuro.

Nada fica de pé diante de um método relativista agressivo como este. O espanto aqui é da ordem da contemplação desse nada. O desencanto, irmão gêmeo do nada, ri do espanto ingênuo que acompanha o culto do nada, porque nunca o experimentou como realidade ontológica suprema.

# Meditação 13

# A crueldade

Por que a crueldade encanta tanto, a ponto de o dramaturgo e diretor de teatro francês do século xx Antonin Artaud denominar seu teatro de teatro da crueldade? Onde reside o encanto do mal? Seria a crueldade criativa?

Não é tão estranha a nós a ideia da crueldade como criativa, ainda que nem todos usem o termo como o faz Artaud. Mitologias as mais variadas têm na crueldade uma ferramenta da ação criadora, mesmo que seja através da imposição do sofrimento como regra da natureza e do cosmos, como já falamos antes. Exemplos como a estética nazista e das guerras são clássicos nos estudos do encanto com a crueldade. A própria paixão de muitos liberais pela ideia de destruição criativa nos negócios, pelas ideias "disruptivas", carrega em si um quê de crueldade, ainda que nesse caso muito disfarçada pelo discurso do marketing. Os revolucionários adoram também a ideia de uma destruição da sociedade de vícios a fim de criar uma sociedade virtuosa.

Para além desses exemplos clichês, suspeito que o encanto com a crueldade seja da condição mesma do humano e do caráter um tanto sublime da demonstração pura e simples da violência como força da natureza. Mesmo no caso do silêncio, da vastidão e da indiferença plenos do universo, portanto da presença de uma crueldade discreta em relação à nossa busca de significado de onde estamos, de onde viemos e para onde vamos, o encanto para com essa mesma vastidão silenciosa e indiferente é um dado clássico da estética do sublime. Sublime é aquilo que nos ultrapassa de modo absoluto, podendo mesmo nos destruir enquanto ainda o contemplamos como algo sublime, como, por exemplo, no caso de uma erupção vulcânica.

Vemos no caso da crueldade aqui examinado que o espanto como motor originário da filosofia não pode ser apenas compreendido enquanto um maravilhamento de consistência moral positiva, como parece pensar o filósofo Heschel, já mencionado. O mal também pode nos causar espanto. O caso do impacto estético da "beleza" da crueldade serve para desconstruir a ideia de que associar a filosofia ao espanto ou ao encanto significa vê-la, necessariamente, como um reforço da tese "otimista" acerca da realidade, enquanto, por oposição, ver a filosofia como filha do desencanto seria uma forma de vê-la como um reforço do "pessimismo" para com a realidade do mundo.

O desencanto pode ser, inclusive, uma forma de propedêutica contra o encanto com a crueldade, já que toda forma de encanto carrega em si um certo embotamento estético com consequências cognitivas evidentes. Aliás, é esse o caso do encanto pela violência estetizada das guerras. Assim sendo, o desencanto pode funcionar como um antídoto aos riscos do encantamento estético.

A verdade é que o vínculo entre espanto, encanto e desencanto aponta para uma contradição entre os campos estético e cognitivo, ou mesmo epistêmico. Pensar pode ser, muitas vezes, apesar de que de forma nenhuma sempre, um ato contra a poesia como paradigma do encanto com o mundo e as coisas. A poesia pode ser veículo da violência facilmente. Claro que o pensamento muitas vezes também é um veículo da crueldade, e, por isso mesmo, pensar de forma desencantada é um antídoto não só contra os belos enganos da estética, como da própria cognição. Nada está seguro diante do risco dos efeitos atraentes da crueldade.

Outra questão associada diretamente ao tema aqui tratado é a pergunta sobre se em algum momento a crueldade poderia desaparecer como forma natural da conduta humana ou mesmo do cosmos à nossa volta. O simples fato de que a resposta a essa pergunta é um evidente "não" fala da estrutura ontológica da realidade como sendo atravessada pela violência – e de nós como parte dessa estrutura ontológica da realidade. A crueldade é irredutível em toda parte da natureza e do universo. Ela é tão intrínseca que é mesmo desprovida de qualquer intencionalidade, característica esta dos atos humanos, por isso mesmo morais. A natureza e o universo são cruéis "ingenuamente", como uma criança, diriam alguns.

A crueldade da natureza e do cosmos é amoral porque é cega em si. Não é parte de uma escolha do livre-arbítrio dos átomos, como no caso dos átomos que compõem nossa alma. A contingência pode ser cruel, pura e simplesmente. Como não se encantar com tal indiferença para com nossa existência? Mesmo muito tempo depois da nossa extinção no futuro – exemplo claro da crueldade ontológica do Ser em si –, o universo permanecerá no seu silêncio e na sua indiferença, repousando na elegância cega das coisas. Isso encanta, afinal.

# Meditação 14

# Ainda existe espanto diante do "milagre da vida"?

Temo que não, afora algumas afetações pontuais, mesmo porque filhos são hoje um passivo na sua maior parte, e não ativos no cotidiano da sobrevivência, prova de que elementos econômicos podem dissolver o espanto com eventos normalmente associados ao encantamento da vida, favorecendo, claro, o desencanto. Apesar de que ter filhos ainda hoje aparece como um evento especial, suspeito que o "especial" aqui seja menos do que a ideia antiga de assistir ao "milagre da vida". Penso que estamos mais para a projeção narcísica de filhos como representantes de nossas próprias expectativas de sucesso. Não é à toa que, assim como cerimônias de casamento, nascimentos de filhos são organizados com a obsessão dos loucos. Ainda que a taxa de fertilidade das mulheres caia sustentadamente em regiões onde elas são

## A filosofia e o mundo contemporâneo

emancipadas da "condenação de ser mães", a organização do evento "parto" caminha em direção a acontecer num bufê, com doulas descoladas, exercícios para equilíbrio espiritual, cores específicas para o esparadrapo e outros fetiches.

Afora o desinvestimento no ato da paternidade e da maternidade em si – filhos são ônus e não bônus –, creio que a própria categoria de milagre cada vez mais faz menos sentido. O milagre permanece no horizonte apenas como cirurgia espiritual picareta ou a sensação de que alguém desenganado se salvou, o que, normalmente, é objeto de uma narrativa bastante duvidosa.

A ideia de milagre como espanto é exatamente o que Heschel tinha em mente quando falava em *wonder*, um sentido para a maravilha do ser. Aquilo que se pode sentir tanto diante do surgimento de um pequeno ser humano quanto diante da imensidão do espaço, quanto diante da fúria de um vulcão. Suspeito que, entre esses três exemplos, o "milagre da vida" é o menos investido com encantamento. O parto hoje tende a ser puro fetiche do mercado de produtos para grávidas raras e bebês que figuram mais como projetos narcísicos do que como encantamento.

O desencantamento como consequência da ciência, na esteira de Weber, também é responsável pelo recuo da experiência de espanto com as coisas, apesar de, como disse anteriormente acerca da ópera do darwinismo, a consciência do pó que somos nós permanecer sendo, para mim, uma experiência poética suprema.

Entretanto, cabe aqui uma nota de desencanto metodológico acerca do assunto, mas que visa, no fundo, apontar para uma dúvida quanto à possível raiz do espanto com a vida. Não assumo que sempre nossa espécie tenha visto o parto com maravilhamento, mais provavelmente o via com terror. É possível que, durante longos espaços de tempo, tenhamos pensado que as mulheres de repente cresciam a barriga e coloca-

A filosofia e o mundo contemporâneo

vam para fora pequenos seres *sapiens* num evento de enorme agonia, desespero, dor e risco, ainda que portador de um enorme poder gerativo. Muitas deveriam mesmo temer com a própria vida, o que é fato, e com razão. Ao descobrirem que era "culpa" do homem, devem ter evitado sexo o quanto podiam, estupros deviam ser muito comuns.

Assim como a vastidão escura do universo e a fúria de um vulcão nos encantam, é possível que seja justamente o que nos escapa o que nos espanta. O controle e o sucesso no controle de tudo trabalham contra o espanto com as coisas. O horror que era dar à luz, com o risco e a dor que implicava, possivelmente nos levava a ver isso tudo como um grande mistério. Pode ser um equívoco associar necessariamente o espanto ou encanto ao bom e ao belo. O espanto pode depender do quanto nos assusta aquilo que nos encanta. Nada nos espanta mais do que a contingência e a vastidão de nossa incapacidade de controle sobre ela. Ter filhos hoje é apenas um evento a mais na agenda. O desencanto da ciência não é só por ela explicar as coisas, mas também por ela as tornar objetos banais sob nosso controle técnico. O medo é chave essencial para o espanto.

Meditação 15

# Comportamentos que encantam: a visita da Graça

Uma rápida nota sobre algo que pode gerar encanto na banalidade do dia a dia: comportamentos não instrumentais, numa sociedade largamente interesseira, podem nos levar às lágrimas. É a própria inexistência da lógica estratégica que encanta. É possível reproduzir esse comportamento em escala industrial? Algum workshop para isso? Não. Mas mentirosos dizem que sim.

Há uma assimetria naquilo que encanta pela beleza moral que carrega em si. O perdão, por exemplo, implica a consciência do perdoado de que não merece este perdão – aí está a assimetria referida. Na literatura, o caso do personagem Jean Valjean em *Os miseráveis*, de Victor Hugo é, talvez, o maior exemplo disso. Tendo roubado o bispo, recebe dele ainda mais os castiçais de prata quando a polícia o leva à casa do bispo, para checar a mentira que Valjean contara segundo a qual a prataria roubada era um presente dado a ele pelo bispo. Tendo sido ajudado por este, o roubou, e em seguida foi perdoado de forma concreta. Material, diríamos. O encanto associado ao perdão é material como o mundo real, não basta que seja abstrato como uma ideia.

Aliás, na teologia católica, há um entendimento de que, quando uma pessoa tem uma experiência direta de Deus – a chamada experiência mística –, o retorno para o mundo se dá acompanhado de um "carisma", ou vocação para um trabalho de investimento no mundo e na vida. A beleza da graça de Deus se materializa num desejo de construir o mundo da melhor forma possível. O encantamento impulsiona a pessoa para uma relação construtiva com a realidade. É justamente, talvez, por essa razão que o desencanto carrega consigo o peso da suspeita de desinvestimento na vida. Os sofrimentos psicológicos associados à experiência do desencanto profundo com as coisas parecem reforçar essa suspeita. Enquanto o encantamento é potente, o desencantamento é depressivo e retira investimento afetivo nas coisas.

Descendo à Terra, pessoas que agem de modo não defensivo no dia a dia, não competitivo, não estratégico, parecem visitadas por esta mesma Graça. Parecem habitadas pelo amor do qual fala Kierkegaard no seu *Obras do amor*. Tão distantes estão dos baixos afetos que quase nem percebem a presença deles à volta. Há, evidentemente, um razoável grau de idealização nessa concepção de Kierkegaard. Parece impossível, mas é exatamente por essa improvável realidade que tal comportamento encanta quando acontece diante dos olhos.

A ideia de que os olhos se enchem de lágrimas quando a Graça se manifesta é comum à tradição cristã. Chama-se a esse fenômeno de "dom das lágrimas": esse dom seria como um sentido mais, dado àqueles que "veem" a Graça com os olhos físicos, e as lágrimas seriam a resposta a essa visão da beleza de Deus. Uma das respostas mais concretas ao encanto no mundo é chorar diante dele, sem outras causas a não ser a beleza transcendente que atravessa o corpo vinda do alto.

A espera pela beleza restauradora do mundo e da condição humana de sofrimento é um encanto por si só, objeto constante da literatura espiritual. Felizes aqueles que um dia viram diante dos olhos a beleza de Deus se materializar num gesto cotidiano que suspende a banalidade do mundo e o faz sorrir através de todas as coisas. A natureza das coisas suspensas contra a gravidade do mundo.

# Meditação 16

# O que encanta na experiência mística?

Segundo a literatura mística, o encontro com a divindade absoluta "em si" transforma a vida de modo radical. Para qualquer um que estuda a literatura mística em geral, é evidente que existem modos distintos dessa experiência na dependência direta do contexto cultural, histórico, linguístico onde se dá a experiência narrada. Não vou entrar nesse debate epistemológico e técnico, que nos levaria a questões acerca do relativismo dessas experiências, assim como da inexistência de qualquer experiência mística que não seja predeterminada pelas formas de contextos referidas. Feito este reparo de erudição crítica, voltemos ao que nos interessa aqui.

Nosso percurso neste breve ensaio acerca do lugar da filosofia em relação aos dois afetos – espanto e desencanto – referidos como causas do surgimento da nossa disciplina se caracteriza por ser uma empreitada no horizonte ocidental da cultura. Da Grécia ao desenvolvimento do cristianismo, o encanto místico se dá devido ao assombro com a beleza, a imensidão e o mistério - termo que está no coração do sentido da palavra grega *mistikós* - da natureza, do mundo, do universo, de Deus, e mesmo de certos comportamentos humanos.

Afora a longa tradição de textos místicos, incluindo mesmo outras tradições religiosas que não o cristianismo e o judaísmo - estas mais presentes no Ocidente -, chamaria atenção aqui para um autor atual que traz um intrigante questionamento teológico para os interessados no espanto místico. O autor é o francês Thibault de Montaigu, em seu maravilhoso livro *La Grâce*, de 2020.

O questionamento que ocupa essa obra é peculiar: seria possível um ateu, como o autor se declara ao longo do livro, receber a visita da Graça? O comum da literatura mística, inclusive por conta dos contextos referidos anteriormente, é que experiências como a visita da Graça – um caso de experiência mística no contexto da tradição cristã – ocorram na vida de pessoas previamente religiosas, mesmo que de forma "branda" e distante das práticas litúrgicas ou rituais.

O narrador – a obra conta uma experiência real da sua vida –, envolvido numa pesquisa para escrever um livro sobre um criminoso que matara sua família, acaba por passar alguns poucos dias num mosteiro beneditino na França. No momento em que acompanhava as orações dos monges, seus cantos e mantras, é de repente invadido pela sensação da presença da Graça e sua beleza – comumente descrita na literatura especializada como uma visita de Cristo. O restante do romance autobiográfico será dedicado a seu processo de lida com essa visita inesperada e ao estudo da vida de seu tio que tivera uma experiência semelhante, depois de uma vida promíscua e devassa.

A questão que intriga o autor, e a mim, é como um ateu pode ser visitado pela Graça. Claro, podemos fazer alguns reparos críticos à cena descrita da visita. Elementos estéticos e psicológicos podem ser trazidos à tona para relativizar a transformação religiosa e espiritual por que passa o autor. Por exemplo, sabemos que a experiência estética de rituais litúrgicos com belas músicas e estímulos ao olfato ou mesmo jejuns prolongados pode provocar estados alterados de consciência semelhantes aos causados pelo uso de drogas, como, aliás, sempre foi comum em práticas religiosas desde a Pré-História.

Além desses elementos presentes na cena – afora as drogas, claro –, podemos dizer que o autor se apresenta como estando num momento depressivo da sua vida, inclusive envolvido com a pesquisa de um assassino da própria família, desaparecido. Como diz o próprio Thibault de Montaigu ao final do livro, ele havia se lançado a uma pesquisa sobre o diabo – o assassino da própria famí-

# A filosofia e o mundo contemporâneo

lia – e acabou por encontrar Deus. O autor dirá que, naquele momento, ao final do percurso narrativo, percebeu que esse encontro inesperado com Deus, para um ateu absoluto como ele, acabou por revelar-lhe que sua escrita a partir de então – o autor é escritor e jornalista – estaria habitada por esse desafio que Deus fizera a ele. Portanto, há fortes elementos psicológicos em toda a narrativa, mas psicologia e espiritualidade sempre estiveram misturadas. Entretanto, para além desses reparos críticos, nenhum deles elimina nem a possibilidade da veracidade do possível encontro com Deus – nenhum deles prova de forma científica a falsidade da narrativa porque Deus não é uma variável sob controle epistemológico –, nem a transformação que o espanto com a experiência em questão causou na vida do autor.

Percebemos nesse caso o caráter assimétrico ao qual fazia referência anteriormente com relação à experiência do espanto, especificamente no caso místico. A visita da Graça para um ateu é um exemplo radical do espanto inesperado, pois aqui temos alguém que habita o desencanto – inclusive, deprimido – tendo de lidar com o encanto improvável como realidade num momento da sua vida. Não que a literatura especializada não fale da possibilidade de Deus visitar pessoas que "não esperavam por Ele", e de isso ser inclusive um elemento importante na trajetória da Graça no mundo dos predestinados, como diria Santo Agostinho.

Um caso como este seria um dos pontos máximos do tema do espanto e do encanto como motor do conhecimento e da vida visitada por tais afetos. Interessante lembrar que William James, filósofo estudioso das religiões, no seu clássico *As variedades da experiência religiosa*, já dizia, no início do século XX, que a experiência mística deixa um resto noético, isto é, um conteúdo intelectual que o receptor da experiência desenvolverá ao longo da sua vida. Aqui estamos diante de um desses casos. Felizes os que são visitados pela Graça quando menos esperam. Talvez os religiosos praticantes jamais consigam aquilatar uma experiência avassaladora como essa.

Estamos aqui, também, no terreno tratado por outro filósofo, Nikolai Berdiaev, russo que viveu entre os séculos XIX e XX, no seu *Espírito e Liberdade*, quando faz diferença entre a espiritualidade patrimonial, aquela recebida por tradição familiar ou cultural, e aquela, chamada por ele de aristocrática, que acontece raramente e tem um efeito muito mais radical do que a patrimonial por se caracterizar justamente por esse inesperado do espanto. Os desdobramentos da espiritualidade aristocrática, nos termos de Berdiaev, são enormes e carregam consigo uma forte carga de conhecimento e prática típicos da ruptura que contradições – no caso, um ateu que vê Deus – trazem na sua estrutura íntima. O espanto e o encanto serão sempre eventos raros e misteriosos, assim como a filosofia, na sua natureza mais profunda, de ser estranha ao senso comum mais banal da vida. A banalidade não tem vocação ao espanto ou encanto. Tampouco ao desencanto, experiência que se eleva acima da banalidade da vida porque exige um pulmão com a capacidade de respirar sempre mais fundo.

Enfim, o espanto e o encanto podem ser uma visita contra nossas próprias disposições cognitivas, éticas e cotidianas. A vida que nasce é uma vida atravessada pelo encanto com a natureza das coisas.

Meditação 17

# Envelhecimento entre espanto e desencanto

A batalha entre espanto e desencanto como motor e consequência do pensamento fora do senso comum e sua banalidade, conhecida como filosofia, essa forma de estranhamento para com as coisas, é muito clara quando olhamos para o tema do envelhecimento. A categoria fisiológica conhecida como envelhecimento, na sua face social e psicológica, é um dos temas mais quentes de nossa época porque toca em questões como mercado de trabalho, de consumo e de bens securitários, psicológicos e médicos em geral. Vivemos cada vez mais e reproduzimos cada vez menos, e isso impacta profundamente o perfil do presente e do futuro.

O envelhecimento tem vocação ao desencanto. A perda de vitalidade, de beleza, de poder econômico – na maioria esmagadora dos casos –, de ser objeto de investimento sexual e de tempo de vida é um fato avassalador, acrescido da experiência de sofrimento e da evidente aproximação da morte. A presença da melancolia como quadro comum nos idosos é indício desse desencanto profundo com a existência material que se extingue com o passar dos anos. O envelhecimento sempre foi desencantador.

A batalha ao redor do destino do envelhecimento como bem de significado é travada diante dos nossos olhos nos movimentos do marketing. O que fazer com essa enorme população? Ou melhor: o que essa enorme população pode fazer por nós, agentes sociais do mercado? Esta seria a melhor forma de entender o verdadeiro olhar do marketing sobre tudo que toca. A verdadeira formulação do marketing como visão de mundo é sempre perguntar como fazer para que tudo que existe seja transformado em objeto de commoditização. Portanto, a formulação final do objeto "envelhecimento" seria: o envelhecimento é passível de commoditização? Pode ser vendido de alguma forma para alguém? Eis uma das fronteiras do marketing como narrador da vida no presente e no futuro próximo.

Podemos responder de cara que o envelhecimento pode ser vendido para o mercado da saúde, de viagens e de serviços em geral, sendo o problema maior como vender o envelhecimento para o mercado produtivo e não de consumo, pois o trabalho também é uma commodity. E aqui a coisa fica difícil, porque o mercado de trabalho paulatinamente exclui pessoas cada vez mais jovens, pois essas pessoas ficam cada vez mais velhas de forma cada vez mais precoce: aos 45, você já é velho. Aqui reside uma grande fonte de desencanto associado ao envelhecimento como dado de realidade para além das representações falsas de idosos "ativos" que o marketing oferece como algo fácil e barato de ser realizado. Não se trata de dizer que seja vetado ao idoso – aquele que manteve uma vida razoavelmente saudável e financeiramente sustentável até a velhice – ser ativo a priori.

Claro que não. O que é difícil é realizar essa atividade no nível de escala na sociedade. A maioria perece na passividade e não realiza nenhuma atividade.

Portanto, se o envelhecimento carrega, digamos, uma vocação ao desencanto na sua estrutura ontológica – isto é, na sua condição de ser próximo da morte –, na esfera social contemporânea ele se torna um elemento de claro desencanto para além das suas possibilidades fantasiosas de representação pela propaganda e pelas modas de comportamento: como envelhecer sem ficar ridículo num mundo em que o valor absoluto é dado ao jovem? Se o sonho é ser jovem para sempre, os idosos são apenas zumbis que duram mais do que deveriam, sonhando em ser retardados alegres.

Mas a pergunta mais complexa é se há algum vínculo entre o envelhecimento e o espanto ou encanto: existe alguma relação?

Sim, apenas se for possível viver o envelhecimento como forma de sabedoria encarnada numa vida que, à medida que foi sendo vivida, foi produzindo formas distintas de significação, muitas vezes alheias às representações facilitadoras do sofrimento. O materialismo, metafísica máxima da nossa era, quase exclui qualquer possibilidade de sabedoria na velhice. Ou o idoso acolhe a vida um tanto imaterial, ou será pior. Isso já é sabedoria. Só há espanto na condição da velhice se houver uma atitude que, ao mesmo tempo que despreza o mundo no seu esforço ridículo de ser imortal, acolhe esse mesmo mundo na sua condição de absoluta vulnerabilidade e finitude.

Quando uma pessoa, em idade avançada, consegue olhar as coisas à sua volta com esse desprezo pela falsidade que se associa a elas e, ao mesmo tempo, consegue acolhê-las em sua agonia, o espanto pode, por alguns instantes, vencer o desencanto com o olhar da morte que se aproxima. Mesmo que não acreditemos na vida eterna, a experiência humana é uma corda estendida entre a materialidade óbvia e a imaterialidade que só se atinge numa dura ascese, assim como a santidade. Como dizia o filósofo romeno Cioran no século xx, o reino dos céus após a morte é dado apenas àqueles que já o encontraram em vida.

## Meditação 18

# Morte, espanto e desencanto

O espanto diante da morte é o horror, aquele tipo de espanto que nos fez adorar espíritos do mal antes de espíritos do bem.

A cena do romance *Partículas elementares*, do escritor francês contemporâneo Michel Houellebecq, em que o personagem Michel, um dos protagonistas, vê os restos mortais de sua avó, que o criara, 20 anos depois, por conta de uma obra urbana que implicou a transferência desses restos mortais, cujo transporte imediato foi feito num saco de lixo plástico e exigia sua presença no local para efeito legal, é paradigmática do horror concreto e banal, ao mesmo tempo que caracteriza o espanto negativo que acaba, quase sempre, quando sob escrutínio da razão, por desaguar nalguma forma de desencanto nauseante. O grande volume de cabelos brancos ainda existentes em meio às órbitas vazias do crânio e aos restos de ossos da avó, misturados à madeira do caixão, dá ao personagem Michel e ao leitor a exata dimensão ontológica da finitude quando fotografada com as cores e as sombras da realidade mais dura e desumanizante.

A tentativa de superação do espanto e do horror diante da morte já foi objeto de investidas religiosas ao longo da nossa história. Mas é no mesmo livro de Houellebecq que encontramos, talvez, um indicativo do que poderíamos esperar da ciência em relação a esse horror.

O que estaríamos dispostos a fazer se em troca ganhássemos uma imortalidade? Arriscaria dizer que o espanto positivo por trás da morte é a busca a qualquer preço da imortalidade. Houellebecq, ao final do romance, aponta o dedo para esta tentativa. Uma espécie que aceita o fim de si mesma em troca de uma espécie criada por ela que supera não só a morte como as inquietações existenciais e as instabilidades do afeto e da vida sexual. Não vou entrar aqui nos detalhes do personagem Michel e seu trabalho em biologia molecular que implicará esse suicídio racional do *Homo sapiens* ao longo da narrativa. Leia o romance. Basta dizer que aceitaríamos de bom grado a superação de tudo que o marketing hoje em dia vende como essencialmente humano – sentimentos, vínculos afetivos familiares e pessoais, resiliência ao sofrimento e à dor, desafio e aventuras na vida – em troca de uma vida eterna sem nenhum sobressalto típico da miséria humana.

A espécie humana atingiu tal desencanto consigo mesma; o pensamento, a razão e a ciência produziram tal desencanto que seria fácil deixá-la de lado em troca de uma vida pacata e eterna, sem nenhum espanto inesperado. A chave da superação do espanto como categoria de valor está, justamente, no seu caráter incômodo. A comodidade é a chave para a aceitação do desencanto como progresso.

# Meditação 19

# O marketing como narrador do mundo: uma catástrofe anunciada

Não me interessa aqui discutir o marketing enquanto disciplina de vendas. Ele é uma das ciências sociais aplicadas de maior peso em nossa era. Interessa-me aqui o marketing com pretensões sociológicas e psicossociais. É nesse sentido que me refiro a ele como narrador do mundo, e qualifico esse passo como uma catástrofe anunciada para quem tem olhos para ver. O marketing hoje se oferece como ferramenta de explicação do mundo quando ele não é equipado para explicar nada, mas apenas para reduzir tudo a vendas, logo, não enxerga nada que não seja vendas. Estamos sim no território da redundância. Essa mesma redundância no plano do sentido é a catástrofe no plano da experiência.

A lógica básica do marketing como narrador do mundo é fazer do espanto uma experiência banal, repetitiva e com fins instrumentais – tudo o que é reduzido ao modo instrumental de ser, ou seja, que vira apenas meio para algum fim que não ele mesmo, torna-se poeira no final do dia. O espanto nas mãos do marketing como narrador da vida banaliza a experiência do encanto, transformando-o num miserável comercial de *banking*. Quando vendas estão em jogo, todos sabemos que caminhamos no território da mentira.

Ou seja, caímos no território do desencanto. A rigor, a experiência do marketing como ciência que visa alçar o estatuto de sociologia ou psicologia social é uma poderosa ferramenta de desencantamento do mundo, para quem olhar para o mundo sem o feitiço do fetiche das vendas. O desencanto aqui atinge níveis semelhantes aos do niilismo. E sempre devemos tomar cuidado para que o desencanto não alcance o país do niilismo, porque este é muito hostil, quase sempre a sobrevivência da existência.

Caminhando para vender experiências, valores e causas, o marketing invade o território do significado das coisas e das relações e, ao fazer isso, gera uma poderosa experiência de ausência de significado porque, quando o que queremos é vender algo, tudo o mais significa nada, já que o significado aqui será justamente convencer alguém de que vale a pena comprar aquilo.

É fácil se defender da compra de uma geladeira; mais difícil é se defender da ideia de que comprando aquilo você estará investindo no seu casamento, na sua família, no seu futuro e na sua felicidade, palavra hoje que significa menos ainda do que energia no passado.

Vendas precisam de fé, de otimismo – voltaremos ao otimismo a seguir –, logo, quando o marketing narra a vida, a vida é sempre uma história ao alcance do seu poder de decisão, e tudo dará certo uma vez que você aceite o produto em questão. Não há saída quando tudo vira vendas: educação, saúde, cotidiano, amor. Porque, em se tratando de vendas, o que importa é a venda em si, e nada mais.

Na era do marketing digital, a própria ideia de relações sociais atinge seu nível máximo de marketização. Vende-se como estilo de ser até a pizza que comemos. O traço que trai a catástrofe anunciada em questão é que todo mundo tem que estar feliz para se vender, logo, a mentira como prática social contínua cresce. Mesmo que mintamos e precisemos mentir em algum nível na vida, quando devemos mentir como imperativo categórico do ser, nos falta ar para viver. O fato de não percebermos que ficamos sem ar não significa que deixemos de respirar mal.

Meditação 20

# A saúde mental como fronteira do capital: os bens psicológicos

Num mundo de negócios como forma de vida, existem bens de todos os tipos. Entre eles, os bens psicológicos. "Bem" aqui significa tudo que é commoditizado, que é passível de sofrer um processo de valor econômico e financeiro agregado.

A saúde mental é um território hoje de crescimento de commoditização evidente. Dinheiro e capital não são a mesma coisa. Dinheiro é salário, é preço pago por um carro, um sapato ou um serviço. Capital é uma entidade autônoma que se reproduz na dependência do trabalho, do investimento ou de si mesmo, cada vez mais. Um psicoterapeuta que atende um paciente faz com ele uma relação de troca pautada por dinheiro. Um psicoterapeuta que prescreve uma medicação de uma farmacêutica tem com o paciente uma relação atravessada pelo capital.

À medida que a vida se torna cada vez mais dependente de medicamentos para o enfrentamento das crescentes demandas por resultados, métricas, metas e eficiências, ela se torna cada vez mais um bem psicológico commoditizado.

Esse tipo de relação envolve muitos agentes sociais: farmacêuticas, psiquiatras, psicólogas que encaminham pacientes para psiquiatras, que, de volta, encaminham para psicólogas, farmácias, clínicas psiquiátricas que montam equipes multidisciplinares para lidar com pacientes cujas famílias investem pesado nessas clínicas para aliviar o cotidiano de ter um paciente psiquiátrico em suas casas – na verdade, faz parte do negócio a terceirização do quadro de cuidados como elemento do esvaziamento sistêmico da família como unidade funcional no cotidiano no século XXI –, escolas e universidades que contratam empresas de consultoria e atendimento para seus alunos a fim de garantir, antes de tudo, a integridade jurídica da instituição, carreiras profissionais na área da saúde que montam tais empresas a fim de explorar esse nicho de mercado e, enfim, claro, o marketing e a publicidade, que ampliam o negócio para o campo de bens existenciais como sendo, supostamente, meios de prevenção do sofrimento psíquico do tipo turismo, espiritualidades, experiências ou modas comportamentais diversas.

À medida que aumentam os quadros de psicodiagnóstico, aumentam as fronteiras do capital na determinação das fronteiras em si. Não há retorno possível, porque este é um processo em que a commoditização da saúde mental é apenas uma parte. Com a pressão do marketing transformando a vida num continente de mentiras sistêmicas, a tendência é que o processo se torne, ele mesmo, reprodutor em larga escala do próprio sistema de commoditização.

O espanto aqui fica a cargo de um nicho específico que é a entrada dos medicamentos psicodélicos no mercado desses bens de

A filosofia e o mundo contemporâneo

consumo psicológico. Um espanto miseravelmente químico, mas que pode, de certa forma, dizem seus defensores, aliviar o sofrimento mental. Um traço da vida instrumental, como já vimos, são a produção e a reprodução de um certo desencanto com o mundo devido ao ceticismo que o discurso do marketing causa nas pessoas que percebem o processo em curso ao longo do século XXI. Quanto mais o espanto é capturado pela lógica do mercado, mais sobra o desencanto com a inteligência filosófica. Talvez tenha sido uma profecia quando Hegel, no século XIX, disse que a função suprema do filósofo seria olhar para o mundo com um olhar negativo. A falha do mundo é que nos interessa. O desencanto é o refúgio da inteligência em nossa era.

Meditação 21

# O fetiche do disruptivo no mundo corporativo

Assim como o marketing tenta recriar o encanto do mundo mediante a venda de estilos de vida que não passam de lendas, a ideia de "disrupção" busca, no mundo corporativo, recriar uma forma de encantamento da ação criativa na cultura empresarial. Triste tentativa, porque o mundo das corporações é uma das maiores formas de desencanto na sua versão estúpida, que normalmente leva à apatia – não à *apatheia* dos estoicos. O mundo corporativo é a distopia perfeita. O encantamento com as coisas no mundo corporativo não passa de um "colaborador" – ou empregado – abstrato na folha de pagamento.

Mas a ideia de ser disruptivo significa na verdade apenas tentar copiar empresas como Uber, Amazon, Alphabet (Google), Apple, Facebook e similares: precarizar a relação entre capital e trabalho, empacotando essa precarização em campanhas de marketing em favor de uma resiliência criativa, "livre" e disruptiva. Trata-se, portanto, de reduzir custos, otimizar resultados e lucros com menos custo – a redundância aqui é sempre necessária. Fazer a ilusão vendida pelo marketing trabalhar a seu favor, tipo "venha dirigir conosco na Uber", quando você será um miserável motorista, quem sabe morando no carro.

Mas o estilo disruptivo supõe resgatar revoltas como a dos punks a favor de um pensamento "fora da caixa" para vendas. Na verdade, a disrupção como modo de vida é um tormento que nos leva à sociedade do cansaço tratada pelo filósofo Byung Chul-Han. Aquilo que deveria nos levar a uma espécie de encanto com nossa capacidade de participar em rompimentos de paradigmas nada mais é do que um elo a mais na cadeia do desencantamento da vida mais comum.

# Meditação 22

# Otimismo como virtude cívica no mundo do mercado e liberdade de expressão como sua crítica

Como não faço negócio com ninguém, não tenho obrigação de ser otimista com nada, nos diz o sociólogo alemão em atividade Wolfgang Streeck. Não há outra forma de liberdade de expressão mais clara e bem-posta. Se muitas vezes pensamos em ameaça à liberdade de expressão vinda do Estado, hoje temos uma que vem prioritariamente do mercado: sua majestade o patrocinador ou sua majestade o seguidor. A segunda pode ter a vantagem de ser mais dispersa na sua estrutura de cancelamento – nome da censura na sua forma de mercado.

O otimismo se transformou numa virtude cívica. Quem não é otimista não sabe se comportar à mesa. O pensamento público e a inteligência não sobrevivem ao imperativo de tal virtude cívica. Mas, como tudo é negócio nalguma medida, a ameaça de perder o espaço de pensamento é grande quando você resiste à virtude cívica do otimismo.

A fragilidade da condição humana parece pedir pelo otimismo, pela motivação, pelas formas mais baratas de encantamento. Sabemos de nossa própria miséria ontológica. Entretanto, o fracasso da virtude cívica do otimismo se revela na ampliação do mercado da saúde que vimos anteriormente. Quanto mais histéricos em motivação, mais remédios para a ansiedade.

O maior desserviço que podemos prestar à vida do espanto e do encanto é sua submissão a tal virtude falsa, que deita suas raízes no departamento de vendas. Não é o desencanto como forma de visão do mundo que gera os afetos tristes em si, é a mentira que visa gerar o encanto, quando este, como vimos no início de nosso percurso, deita raízes no mistério. Ou há mistério ou não há encanto.

Não há como fazer um workshop para você aprender a ver o mistério. Desde os anos 1960, tenta-se essa forma de picaretagem espiritual. O encanto depende de uma assimetria assustadora entre quem o percebe e quem o causa. Não há como motivar alguém a experimentar o encanto de forma verdadeira. O fracasso desse "método" é sempre uma forma de tristeza.

**Meditação 23**

# Sobreviveremos ao desencanto como modo de vida? *Coping, hoping, doping, shopping*

Ainda seguindo de perto o sociólogo Wolfgang Streeck, podemos tentar responder à difícil questão de como sobreviver ao desencanto como modo de vida – já que ele parece ter se imposto a nós ao longo do trajeto. O próprio autor, ainda que noutro universo de intenções, dá a rota.

Nossa vida dependerá muito da nossa capacidade de lidar com as coisas (*coping with*) sabendo que elas não têm solução. O mundo não tem solução. Viver assim implica uma atitude basicamente antiutópica. Não é fácil, principalmente porque a utopia tem esse efeito de encanto com os próprios sentimentos do utópico, projetados no mundo melhor que se pensa estar a ponto de criar se os maus assim deixarem. Viver sem horizontes de melhora das coisas, apenas lidando com elas no espaço micro em que vivemos, com a perda de força da política institucional, como vemos acontecer hoje, exige uma razoável capacidade de não sonhar. Entretanto, sonhar será outra chave comum na lida com esse mundo desencantado.

Ter esperança como imperativo cotidiano (*hoping*). Podemos sintetizar essa segunda chave lembrando todo o nosso percurso até aqui, do marketing às utopias da disrupção. Da virtude cívica do otimismo, somos clamados a esperar pelo novo, mesmo que ele seja apenas um novo modelo de iPhone. A ideia de que a vida será re-encantada pelas fotos com a nova potente câmera é o limite da esperança possível.

O aumento da medicação (*doping*). Vimos esse fenômeno anteriormente, mas vale a pena repeti-lo no universo de síntese a que chegamos ao final do nosso percurso. Cada vez mais, dopar-se será um imperativo de sobrevivência e isso alimenta a reprodução do capital, portanto não deixará de crescer como investimento na ciência.

E, por último, consumo (*shopping*). Resumo absoluto da ópera. Não mais apenas o consumo de objetos como geladeiras ou carros, mas o consumo do consumo como estilo de vida, de identidades, de diferenciação existencial, enfim, da vida espiritual possível num mundo em que o espírito da natureza que se ocultava nas palavras de Heráclito se calou. A "natureza das coisas" se revelou apenas como a natureza dos bens de consumo, sendo o maior deles o próprio consumo como estado do ser possível.

Para além dessas chaves, é possível resistir ao desencanto do mundo contemporâneo, idiota como um comercial de banco?

# Meditação 24

# A profecia de Hegel: a experiência contemporânea como desencanto histórico

Resta-nos a profecia de Hegel: ao olhar o mundo onde ele falha, resta-nos um olhar negativo. O desencanto venceu? Terá ele vindo com o voo da coruja, ave da sabedoria, que só levanta voo ao anoitecer?

O desencanto é uma maldição quando se torna um método de lucidez. Ou pior: um hábito, uma segunda natureza, como diria Aristóteles. O mistério do ocultamento da natureza parece devassado pelo desencanto da operação prometeica em todos os níveis. O mistério está morto, e as tentativas do marketing de trazê-lo de volta à vida carregam a mentira de toda empreitada do marketing fora do departamento de vendas. Ao marketing, não deveria ser permitido falar de bens invisíveis.

Por outro lado, os trágicos viram o impasse da condição humana com todos os olhos do mundo. Esses olhos parecem interromper a respiração, enquanto o espanto enche o pulmão de ar. Essa é a sístole e a diástole do pensamento. Esse movimento nos trouxe até aqui. O espanto repousa, enquanto o desencanto caminha como um animal faminto em busca dos sentidos atravessados por esses olhos trágicos.

Deslizamos em direção ao desencanto ao longo de nosso percurso à medida que ele se tornou mais histórico e adentramos temas mais modernos ou contemporâneos. A sociologia nos desencanta. Poderíamos mesmo arriscar e dizer que a modernidade, em sua dinâmica, é essencialmente uma experiência de desencantamento, fazendo uso do conceito de Weber citado anteriormente de forma um tanto pontual. Qual é a dinâmica que deu à modernidade esse movimento em direção ao desencantamento?

Sua velocidade em ampliar o olhar prometeico. O sucesso de Prometeu desencantou o mundo de forma absoluta. As formas e as farsas com as quais tentamos mitigar esse fato não funcionam aos olhos atentos de quem sabe que a vida desprovida de mistério sempre será, nalguma medida, miserável. Heráclito não foi apenas um filósofo que viveu num passado remoto e ignorante de todos os avanços da ciência. Talvez o que tenha acontecido a ele tenha sido ser capaz de enxergar mais longe e ver que, quando nada é oculto, nada suporta o olhar ácido da razão.

Como disse o filósofo Edmund Burke, no final do século XVIII, quando da invasão e destruição dos objetos da rainha Maria Antonieta pelo povo revoltado, "quando descobrirem que a rainha é apenas uma mulher, logo descobrirão que ela é apenas um animal". Não se trata de uma questão de gênero, como diriam os idiotas de plantão. Trata-se de uma profecia. Somos todos apenas animais em busca de um espanto morto há muito tempo. Nem conseguimos uivar pra Lua.

# Uma breve nota de conclusão: o corpo do desencanto

Para os apreciadores do corpo da mulher como eu, nada é mais claro do que o vínculo entre encanto e desencanto e sua natureza dramática – dramática aqui se refere tanto à ideia em si de algo sofrido quanto à ideia originária de drama como ação teatral.

Ao mesmo tempo que o corpo de uma mulher bonita parece ser uma das formas mais poderosas de espanto e encanto, ele pode se revelar profundamente desencantador. Este é o caso da prostituição. Um corpo prostituído de uma mulher é a encarnação mais evidente do que o desencantamento das coisas pode gerar em nossa apreciação estética do mundo. Os efeitos no âmbito dos afetos não são menores.

Se, por um lado, o desejo erótico pode ser profundamente ativado pela prostituta, por outro a redução desse corpo, e da mulher

## A filosofia e o mundo contemporâneo

como um todo, à condição de coisa pode ser profundamente desinteressante. Sendo assim, ao contrário do que podem pensar os filósofos vãos, o desencantamento com as coisas, no seu viés de alto risco, não é melhor representado pelo cinismo, pelo ceticismo ou mesmo pela melancolia, mas sim pelo corpo prostituído da mulher, traindo a natureza essencial do encanto como sendo uma certa dificuldade do acesso. Como percebeu Heráclito, a natureza ama se ocultar. A beleza da mulher também. Quando isso é esquecido, as coisas se desencantam. Os artistas estavam certos quando pintavam o ocultamento do corpo feminino como representação desse ocultamento da natureza.

O encanto é como o desejo por essa beleza. A fronteira é mais sutil do que parece. Violá-la ou cultuá-la é da natureza íntima desse dilema.

A vida do espírito, como se costuma dizer em filosofia para se referir à vida do intelecto, caminha por este estreito vale de sombras, entre a paixão pelo mistério oculto e a necessidade do desencanto como forma de amadurecimento.

Este livro foi publicado em fevereiro de 2022 pela Editora Nacional.
Impressão e acabamento pela Gráfica Exklusiva.